]

Sandra Radicchi

IN ITALIA

Modi di dire
ed espressioni idiomatiche

3ª edizione

Bonacci editore

Bonacci editore
Via Paolo Mercuri, 23 - 00193 Roma
(ITALIA)
Tel. 06/68300004 - Telefax 06/6540382

PRESENTAZIONE

La presente raccolta di espressioni idiomatiche e modi di dire più in uso nella lingua italiana corrente può costituire un contributo alla comprensione delle varietà linguistiche dell'italiano, ad uso principalmente di uno straniero.

Pertanto nella convinzione di muoversi in un campo vivace e multiforme si è creduto di aver fatto utile lavoro ad esplicitare per mezzo di esempi i significati dei modi di dire riportati, considerando che proprio uno straniero nella loro interpretazione, non può fare sempre riferimento alla traduzione nella lingua materna; è noto infatti che nelle altre lingue le medesime situazioni espressivo-comunicative si servono d'immagini, di metafore talvolta assai differenti.

D'altra parte questa selezione dei numerosissimi detti ed espressioni idiomatiche non ha la presunzione di costituire una compilazione esauriente di tutte le particolarità linguistiche dell'italiano, già differenziate a livello regionale.

Ci si scusa così se tale criterio ha posto delle limitazioni quantitative nella presentazione di detto patrimonio idiomatico della nostra lingua, escludendo forme ed espressioni linguistiche attuali di tutto rispetto, ma di minore frequenza d'uso nell'intera penisola italiana.

SANDRA RADICCHI

A

A
Conoscere, fare una cosa dall'a alla zeta = sapere, fare qualcosa in tutte le sue parti.

Il professore è un esperto in quel campo e conosce quell'opera di Dante dall'a alla zeta.

ABBOTTONATO
Essere, stare abbottonato = non dire più di ciò che si deve.

Ho chiesto informazioni più precise su quel concorso, ma l'impiegato stava così abbottonato...

ABBRACCIARE
Abbracciare una fede, politica, etc. = farsi promotore, sostenitore di qualcosa.

Finalmente ti sei deciso ad abbracciare la fede cristiana!

ABISSO
Essere, camminare sull'orlo d'un abisso = trovarsi in una situazione difficile, instabile.

Quella ragazza mi sembra che stia camminando sull'orlo d'un abisso: di', forse si droga?

ABITO
L'abito non fa il monaco = L'apparenza spesso inganna.

La signora amica tua anche se è ricca non è certamente di classe: è proprio vero che l'abito non fa il monaco.

ABLATIVO

Essere, ridursi all'ablativo assoluto = essere ridotti all'essenziale, al minimo necessario.

— *Davvero ti sei ridotto all'ablativo assoluto?* —
— *Per forza, con che cosa avrei pagato tutti i debiti se non avessi venduto la casa di montagna?* —

ABORTO

Essere un aborto di natura = essere bruttissimo.

Maria mi è antipatica e per giunta, così bassa e grassa, è un aborto di natura.

AB OVO

Cominciare «ab ovo» = cominciare qualcosa fin dalle parti più lontane, dalla sua origine.

Claudio è un tipo molto noioso: pensa che per dirmi qualunque cosa comincia sempre «ab ovo» e non finisce mai di parlare.

ACCA

Non capire un'acca = non capire nulla.
Che confusione nell'aula di biologia! Non ho capito un'acca.

Non sapere un'acca = non sapere niente.
Mi sembra che questo studente non sappia un'acca di biologia.

Non valere un'acca = Valere poco o niente.
Le tue parole non valsero un'acca perché Pietro ha fatto ugualmente ciò che aveva deciso in precedenza.

ACCETTA

Essere tagliato con l'accetta = essere similissimo, quasi uguale a qualcuno.

I tuoi amici non sono per niente interessanti, sembrano tutti essere tagliati con l'accetta e non spiccano per personalità.

ACCIUGA

Essere magro come un'acciuga = essere magrissimo.

Da quando hai fatto la dieta sei diventata magra come un'acciuga; non devi esagerare però...

Essere pigiati come acciughe, sardine = essere fitti, compressi in una folla.

Il concerto rock è stato bello ma eravamo così pigiati come acciughe che non ne potevamo più di stare ancora lì.

ACHILLE

Avere, colpire il tallone di Achille = avere, colpire il lato debole di una persona.

Non parlargli troppo del figlio che se n'è andato di casa, perché colpiresti il suo tallone d'Achille.

ACQUA

Non sapere neppure d'acqua calda = non avere nessun sapore, essere una persona insignificante.

Scusami se te lo dico, ma per me Silvia non sa neppure d'acqua calda.

Lavorare sott'acqua = agire astutamente, di nascosto.

Mentre noi discutiamo, quel furbacchione lavora sott'acqua: stiamoci attenti!

Bere d'ogni acqua = prendere ciò che è possibile.

È un vagabondo: beve d'ogni acqua pur di trovare sempre un posto dove dormire e pane da mangiare.

Intorbidire le acque = provocare malintesi.

Luca ha intorbidito le acque con le sue maldicenze per trarne vantaggio.

Affogare in un bicchier d'acqua = smarrirsi di fronte alle situazioni più facili.

Quando deve parlare davanti ad altre persone, quella ragazza è così timida che per nulla affoga in un bicchier d'acqua.

Essere come bere un bicchier d'acqua = essere una cosa facilissima.

Questo esame non mi preoccupa perché è facile e sarà come bere un bicchier d'acqua.

Esser con l'acqua alla gola = essere in difficoltà.

Quell'industriale è con l'acqua alla gola con tutti i debiti che ha.

Passare l'acqua sotto i ponti = trascorrere molto tempo.

Guardandosi allo specchio e vedendosi più vecchio e grasso, l'uomo capisce che ne è passata di acqua sotto i ponti da quando era giovane.

Portare l'acqua al mare = portare roba a chi ne ha già.

Le hanno regalato dei fiori ma è stato come portare l'acqua al mare, dato che suo padre è fioraio.

Acqua passata non macina più = quel che è stato è finito, concluso definitivamente.

Perché dopo tanti mesi di lotta, non facciamo la pace? Dopotutto acqua passata non macina più.

Acqua in bocca! = Silenzio.

Questo è un segreto fra di noi; mi raccomando, acqua in bocca!

Essere un'acqua cheta = non mostrare esternamente le operazioni per raggiungere i propri fini.

Sta' lontano da lei... È una tale acqua cheta che potrebbe portarti via il tuo posto di lavoro.

Essere all'acqua di rose = essere una cosa dai caratteri smorzati, leggera.

Questo disegno non è brutto ma ha poco colore... Insomma è all'acqua di rose.

Acqua cheta rovina i ponti! = i simulatori lavorano nascostamente e con successo per i loro fini.

Ero sicuro che quell'acqua cheta ci avrebbe rovinato i ponti: infatti Carlo sta sempre zitto e poi fa soltanto tutto ciò che gli conviene.

Essere della più bell'acqua = essere la massima espressione di una categoria.

È un farabutto della più bell'acqua.

Andare il cervello in acqua = Impazzire, dire e fare sciocchezze.
Mi sembra che il cervello ti sia andato in acqua se hai realmente fatto ciò che mi hanno detto.

Gettare acqua sul fuoco = sedare una situazione.
Era una riunione così accesa che ho dovuto gettare acqua sul fuoco.

Pestare l'acqua nel mortaio = affaticarsi invano, agire per cose inutili, impossibili.
Tentare di farlo parlare è come pestare l'acqua nel mortaio.

Tirare l'acqua al proprio mulino = fare i propri interessi, non considerando gli altri.
È inutile parlare di altruismo se poi ognuno tira l'acqua al proprio mulino.

ACQUOLINA
Avere, venire l'acquolina in bocca = avere, provocare forte desiderio di un cibo.
È una pietanza invitante, mi fa venire l'acquolina in bocca.

ADAMO
Essere parente per parte di Adamo = essere un parente lontanissimo (anche in senso genealogico).
Mario mi è parente per parte di Adamo: infatti si può dire che non ci conosciamo nemmeno.

ADDIACCIO
Dormire all'addiaccio = dormire all'aperto, senza letto.
Faresti dormire quel poveretto all'addiaccio? Suvvia, per una notte dagli ospitalità, poi si vedrà.

ADDOSSO
Farsela addosso = avere molta paura.
Ero sola in casa e quando ho sentito quei rumori sul terrazzo sono stata vicina a farmela addosso.

AD HOC

Essere una cosa «ad hoc» = essere una cosa adatta, appropriata ad una determinata situazione.

Stavo parlando di pittura con Ilario ed il tuo intervento sul Surrealismo è stato proprio una cosa «ad hoc».

ADONE

Credere di essere, sentirsi un Adone = sentirsi bello e tenere all'abbigliamento, essere un bellimbusto.

Tuo fratello crede di essere un Adone e per questo mi è antipatico.

AGO

Cercare un ago nel pagliaio = tentare una cosa difficoltosa, impossibile.

Rintracciare il signor Rossi senza sapere dove abita, è come cercare un ago nel pagliaio.

AI

Non dire nè ai nè bai = non parlare, non dire niente assolutamente.

Come è insignificante Lucia... Ieri sera quando era in nostra compagnia non ha detto nè ai nè bai.

ALBERO

Stare sull'albero a cantare = perdere tempo oziando.

Lavoriamo, invece di stare sull'albero a cantare. Se il padrone si accorge che non facciamo nulla ci butta fuori dall'ufficio.

ALI

Avere, mettersi le ali ai piedi = correre velocemente, andare di gran fretta.

Aspettami, per favore, non ce la faccio a starti dietro. Hai proprio le ali ai piedi.

Tarpare le ali = frustrare qualcuno, inibirlo.

A Maria hanno tarpato le ali fin da piccolina. Non meravigliarti se ora è una donna immatura.

ALLOCCO

Restare come un allocco = restare attonito, quasi instupidito.

Quando Gino si è recato all'appuntamento con Mara ed ha visto che la ragazza non c'era è restato come un allocco.

ALLORI

Cogliere, mietere allori = avere successo.

È uno scrittore di successo e coglie allori per ogni libro che pubblica.

Dormire, riposare sugli allori = oziare dopo un successo, cullandosi nel risultato.

Se dopo il primo, brillantissimo esame Lucia dormirà sugli allori, la prossima prova sarà negativa.

ALTARE

Cadere, passare dall'altare alla polvere = passare da una posizione privilegiata ad una bassa.

La famiglia di Gina è caduta dall'altare alla polvere dopo il fallimento della banca.

Mettere qualcuno sugli altari = onorare qualcuno eccessivamente.

Mi sembra che tu stia mettendo la tua amica sugli altari ma credimi, non se lo merita.

ALTARINI

Scoprire gli altarini = capire, rivelare le altrui debolezze.

Tu speri che nessuno sappia ciò che hai fatto, ma prima o poi si scopriranno gli altarini.

ALTO

Avere alti e bassi = avere miglioramenti e peggioramenti.

Giulia è una ragazza di umore variabile: ha sempre alti e bassi e così non posso fare affidamento su di lei.

Arrivare, giungere in alto = fare carriera.

Mio cugino è così ambizioso che in breve arriverà molto in alto e raggiungerà il benessere economico che desidera.

Essere alto come un soldo di cacio = essere basso di statura.

È discreto quel ragazzino, ma non va bene con la mia statura perché è alto come un soldo di cacio.

Essere in alto mare = trovarsi lontano dalla soluzione di qualcosa.

Il risultato del problema è ancora in alto mare.

Guardare dall'alto in basso = guardare con alterigia.

Ma chi crede di essere il commendatore Bianchi? Guarda tutti dall'alto in basso.

Far cadere una cosa dall'alto = concedere qualcosa esagerandone l'importanza.

Lui si è adoperato per risolvere le difficoltà della fabbrica, ma non mi piace che abbia fatto cadere così dall'alto tutto ciò che ha fatto.

ALZATA

Fare un'alzata di testa = fare i capricci.

Quella ragazza, stufa di stare sempre a casa con i familiari, ha fatto un'alzata di testa ed è uscita da sola.

Fare un'alzata, una levata di scudi = opporsi con risentimento.

È inutile che tu faccia quest'alzata di scudi perché lo sanno tutti che hai torto.

Fare un'alzata d'ingegno = avere (ironicamente) un'idea brillante.

Non sapevo come fare ed allora Gino ha fatto una delle sue alzate d'ingegno e mi ha aiutato. Avrei preferito che non lo avesse fatto!

AMARO

Avere dell'amaro in corpo = essere astioso.

Maria parla sempre male delle persone che conosce, dimostrando di avere veramente dell'amaro in corpo contro tutti.

Esserci dell'amaro fra... = esserci dei dissapori.

— È vero che c'è dell'amaro fra i due ragazzi?—
— Sì, da quando hanno litigato furiosamente in classe. —

14

AMERICA

Scoprire l'America = asserire qualcosa di ovvio, credere di aver compiuto un'impresa in realtà scontata ed evidente.

Hai scoperto l'America! Lo sanno tutti che quei due sono sposati.

Essere lo zio d'America = essere una persona da cui si ricevono soldi, favori senza l'intenzione di restituirli.

Non hai per caso lo zio d'America? Infatti da un po' di tempo sei vestito elegantemente e spendi moltissimo.

AMICI

Essere amici per la pelle = essere amicissimi.

Carlo e Giulio? Sono amici inseparabili, davvero per la pelle.

AMICIZIA

Cementare un'amicizia = rinsaldare, rinvigorire un'amicizia.

I due uomini, per cementare la loro amicizia, decisero di aprire insieme il negozio a cui avevano sempre pensato.

AMO

Abboccare all'amo = cadere nella trappola.

Il venditore cercava di rifilare al cliente la merce peggiore facendola passare per la migliore, ma egli non ha abboccato all'amo.

ANCORA

Essere l'ancora di salvezza di qualcuno = essere l'ultimo rimedio, l'unico aiuto.

Giacomo, se non mi aiuti in questo concorso non riuscirò a vincere quel posto di lavoro. Sei proprio tu la mia ancora di salvezza.

ANGIOLETTO

Dormire come un angioletto = dormire beatamente.

Sono entrato in camera ed ho visto Pietro che dormiva come un angioletto... Beato lui!

ANIMA

Rendere l'anima = morire.

Nostro zio ha finalmente reso l'anima a Dio: ora potremo goderci il suo patrimonio.

Rompere l'anima = infastidire eccessivamente.

Carletto, smetti di rompere l'anima con questo dannato fracasso, voglio dormire.

Reggere l'anima coi denti = sopravvivere a stento.

Quella vecchietta è così debole che regge l'anima coi denti e non ce la fa neppure a camminare.

Darsi anima e corpo a qualcosa o qualcuno = abbandonarsi ciecamente, dedicarsi totalmente.

Diventerà un artista perché si sta dando anima e corpo allo studio del pianoforte.

Urlare come un'anima dannata = urlare a gran voce.

Smettila di urlare come un'anima dannata... Non è colpa mia se ti hanno rubato la borsa.

Essere due anime in un nocciolo = essere uniti profondamente da affetto.

Claudio e Patrizia sono due anime in un nocciolo e dova va l'uno va anche l'altra.

Giocarsi, scommettere l'anima in qualcosa = mettere in gioco, scommettere in qualcosa la cosa più importante che si ha.

Ci scommetto l'anima che quel ragazzo non sa nemmeno dove andare. Non vedi come è imbarazzato?

ANNO

Essere in là con gli anni = non essere più giovane.

Sono ormai in là con gli anni e la sera ho bisogno di andare a dormire non troppo tardi.

ANTICAMERA

Non passare per l'anticamera del cervello = non pensarci affatto, non considerare qualcosa.

Santo cielo! Ho dimenticato le chiavi in casa e non mi è passato nemmeno per l'anticamera del cervello di chiederne una copia a mio marito.

ANTIFONA

Capire l'antifona = capire il senso artificiosamente coperto di un discorso o atteggiamento.

Tutte le volte che Claudia andava a trovare Maria, questa si dimostrava fredda e scostante. Alla fine Claudia ha capito l'antifona e non c'è andata più.

APERTIS VERBIS

Parlare «apertis verbis» = parlare chiaramente.

Dai, parla «apertis verbis» e dimmi cosa vuoi senza farmi perdere tempo.

APPARENZE

Salvare le apparenze = comportarsi in modo da mantenere il decoro, un aspetto normale, dignitoso.

Quella coppia è ormai in crisi, ma vivono ancora insieme per salvare le apparenze.

APPICCICATO

Essere appiccicato con lo sputo = essere attaccato poco bene.

Questo bottone era appiccicato con lo sputo, perché l'ho perduto subito.

AQUILA

Essere un'aquila = avere un grande ingegno.

Quell'ingegnere è un'aquila nel suo lavoro e farà carriera.

ARABO
Parlare arabo, cinese, ostrogoto, turco = non farsi capire, parlare una lingua diversa.
Non riesco più a comunicare con mio figlio. Parlo forse arabo?

ARGENTO
Avere l'argento vivo addosso = essere molto vivace.
Carletto, possibile che tu non possa mai stare fermo? Con l'argento vivo che hai addosso combini sempre pasticci.

ARIA
Darsi delle arie = sentirsi importante.
Da quando è stato eletto sindaco si dà delle arie che non ti dico.

Mandare all'aria = impedire il compimento di qualcosa.
La tua impulsività ha buttato all'aria mesi di preparazione meticolosa.

Campare, vivere d'aria = mangiare pochissimo.
Chi, Teresa? È così magra che deve certamente campare d'aria.

Buttare all'aria = riunciare a qualcosa.
Sono stufo di questo matrimonio e tu sei noiosa! Butterò tutto all'aria e me ne andrò.

Esserci qualcosa nell'aria = esserci delle novità.
Davvero non credi che ci sia qualcosa nell'aria? Eppure noto dei cambiamenti.

Cambiare aria = trasferirsi in un altro ambiente.
La donna di servizio non ne poteva più di lavorare per quella persona e così ha cambiato aria.

ARIANNA
Essere il filo di Arianna = essere un elemento risolutivo di una situazione complessa.
La tua osservazione è stata il filo di Arianna durante la discussione fra i due colleghi.

ARIETE

Essere la testa d'ariete = essere l'elemento capace di abbattere un'opposizione.

Verrà Giovanni a quell'assemblea del sindacato e sarà la nostra testa d'ariete.

ARMA

Essere un'arma a doppio taglio = essere una cosa a danno di chi pensava di usarla a proprio vantaggio.

Denunciare i tuoi amici potrebbe essere per te un'arma a doppio taglio; pensaci bene prima di farlo.

Essere alle prime armi = essere all'inizio della carriera, essere ingenuo, etc.

Sebbene fosse alle prime armi, ha ottenuto brillanti successi in politica.

Levare le armi a qualcuno = togliergli la possibilità di nuocere.

Bravo, gli hai levato le armi: così non dirà più cattiverie sul tuo conto.

Deporre le armi = rinunciare a qualcosa.

Ho deposto le armi perché non ce la faccio più a studiare a quel ritmo.

Prendere armi e bagagli = prendere la propria roba con l'intenzione di andarsene.

Basta, sono stanco della tua prepotenza; perciò prendo armi e bagagli e me ne vado!

ARNESE

Essere male in arnese = essere in cattive condizioni.

— Ho visto Mauro e mi è sembrato che fosse male in arnese. —
— Poveretto, la sua azienda è fallita. —

ARTE

Non avere né arte né parte = non avere una sistemazione, una posizione definitiva.

Non mi piace che tu ti interessi a Mario che non ha né arte né parte; pensa che deve ancora terminare gli studi e poi trovarsi un lavoro.

19

ASINO

Essere un asino calzato e vestito = essere fortemente ingenuo, sprovveduto.

Gli ha prestato l'ombrello e non l'ha più rivisto. È stato un asino calzato e vestito a fidarsi di lui.

Legare l'asino dove vuole il padrone = ubbidire passivamente agli ordini.

Pietro è troppo sottomesso con il suo datore di lavoro. Insomma è uno che lega l'asino dove vuole il padrone.

Qui casca l'asino = qui è la difficoltà.

Ho svolto tutto l'esercizio, ma qui casca l'asino: non so risolvere l'equazione.

ASSENZA

Brillare per la propria assenza = farsi notare per la propria assenza inaspettata.

Carlo, se ne sono accorti tutti che non eri al cenone di fine anno da mia sorella: hai brillato per la tua assenza.

ASSO

Avere l'asso nella manica = avere ottime possibilità di successo.

Quell'uomo ha sempre l'asso nella manica e riesce sempre in tutto ciò che fa.

Lasciare, piantare in asso = abbandonare bruscamente.

Stanco della poca serietà dimostrata dai colleghi se ne andò piantando tutti in asso.

AUT

Mettere, porre un « aut-aut » = obbligare qualcuno a una decisione, a prendere posizione di fronte ad un'alternativa.

— Come, Paolo si è sposato? —
— Per forza, la sua ragazza gli ha posto un « aut-aut »: o il matrimonio, o niente. —

AUTOBUS

Perdere l'autobus = perdere l'occasione favorevole.

Tu non ha saputo afferrare l'occasione giusta per quel lavoro: ormai hai perso l'autobus.

AVANTI

Tirare avanti = provvedere da solo ad una situazione difficile, vivere con fatica.

Sono una massa di inetti; meno male che c'è Lucia a tirare avanti tutto.

Farsi avanti = affermarsi, tentare il successo.

— Hai visto come è elegante adesso Mario? —
— Eh, sì., si è fatto avanti nel lavoro. —

AVERE

Avercela con qualcuno = essere arrabbiato con qualcuno.

Non devi avercela con me perché non ti ho aiutato; credi, non mi è stato proprio possibile.

AVVOCATO

Fare l'avvocato del diavolo = fare tutte le obiezioni possibili in una discussione.

Basta di fare l'avvocato del diavolo! Tanto abbiamo già deciso di partire.

B

BABBO

Prendere delle cose a babbo morto = prenderle a debito.

Carlo ha preso i mobili per il suo ufficio a babbo morto. Dubito però che possa rispettare l'impegno.

BACCHETTA

Comandare a bacchetta qualcuno = comandare qualcuno con autorità dispotica.

— Giulio comanda a bacchetta sua moglie; che ne pensi? —
— Poveretta. —

BACUCCO

Essere un vecchio bacucco = essere un vecchio instupidito.

Una volta era un uomo attivissimo ed ora purtroppo è un vecchio bacucco.

BAFFO

Ridere sotto i baffi = ridere maliziosamente.

La mamma rideva sotto i baffi vedendo suo figlio che cercava affannosamente di aprire il cassetto con il barattolo della marmellata. Infatti il cassetto era chiuso a chiave.

Fare un baffo a qualcuno = infischiarsene di qualcosa o qualcuno.

Prima confermi l'appuntamento, poi mi inventi una scusa per non venire; sai che ti dico? Mi fai un baffo.

BAGNARE

Bagnare un avvenimento = brindare.

Congratulazioni! Ormai sei avvocato e dobbiamo bagnare al bar l'avvenimento.

BAGNATO
Sembrare un pulcino bagnato = far tenerezza.

In mezzo ai compagni che urlavano durante l'assemblea, il giovane operaio, così taciturno e da una parte, sembrava un pulcino bagnato.

Se non è zuppa è pan bagnato = se non è questa cosa è quella.

Tu stai dicendomi moltissime bugie, ora in un modo poi in un altro: insomma, se non è zuppa è pan bagnato.

BAGORDI
Darsi ai bagordi = gettarsi in una baldoria senza limite.

Evviva, ho trovato un lavoro! Questa sera voglio darmi ai bagordi.

BALENO
Fare in un baleno = agire rapidamente, in un attimo.

Stavo perdendo il treno e così ho fatto quella commissione in un baleno.

BANDO
Mettere qualcuno al bando = allontanare qualcuno da una comunità.

È un delinquente che non ti dico e tutti nel suo ambiente l'hanno messo al bando.

BANDOLO
Trovare il bandolo della matassa = trovare la soluzione.

Non capivo perché Luigi aveva parlato così duramente, ma poi ho trovato il bandolo della matassa e mi sono spiegato il perché del suo comportamento.

BARBA
Far venire la barba a qualcuno = annoiare qualcuno.

Paolo è talmente noioso da far venire la barba a tutti quelli che ascoltano le sue insulsaggini.

Fare una cosa in barba a qualcuno = fare una cosa a dispetto di qualcuno.

Volevo mandare mio figlio a comprare le sigarette ma me l'ha fatta in barba ed è andato via.

Servire qualcuno di barba e capelli = trattare male qualcuno.

Il cameriere ha servito di barba e capelli il cliente che l'aveva ingiustamente criticato.

BARCA
Fare una barca di soldi = arricchirsi molto.

Giulio è partito dal nulla, ed ora che ha fatto una barca di soldi, tratta tutti dall'alto in basso.

BASTONE
Essere il bastone della vecchiaia = essere il sostegno di una persona malata, vecchia.

Mia nipote è così buona e premurosa che sarà il bastone della mia vecchiaia. Sono davvero fortunata!

Usare il bastone e la carota = agire con dolcezza e durezza insieme per ottenere qualcosa.

Eppure Claudio dovrebbe conoscere sua madre... Se userà con lei il bastone e la carota, riuscirà ad ottenere ciò che vuole.

Mettere i bastoni fra le ruote = creare ostacoli a qualcuno.

— Ma come, non siete partiti per le ferie?—
— Non parliamone, il nostro direttore ci ha messo i bastoni fra le ruote ed è partito lui a luglio. —

BATTERE
Battere per terra e per mare = cercare in ogni posto.

Il cane, perduto il padrone, ha battuto per terra e per mare fino a ritrovarlo.

Senza battere ciglio = con imperturbabilità.

L'imputato ha risposto alle domande del giudice senza battere ciglio.

BATTESIMO

Tenere a battesimo qualcosa, qualcuno = patrocinare un'impresa, incoraggiare qualcuno.

La grande cantante lirica ieri sera ha tenuto a battesimo l'artista più giovane.

Avere, ricevere il battesimo del fuoco = trovarsi per la prima volta in situazioni pericolose, difficili.

Dopo il tuo primo lancio con il paracadute, hai ricevuto il battesimo del fuoco: non avere più paura adesso.

BAVERO

Prendere qualcuno per il bavero = prendere in giro qualcuno.

Vergognatevi a prendere per il bavero quel ragazzino! Non vedete che è piccolo?

BECCO

Mettere il becco in un affare = intromettersi.

L'inquilina del piano di sopra è così invadente che mette il becco negli affari di tutte le persone che abitano nel palazzo.

Non avere il becco di un quattrino = essere del tutto senza soldi.

— *Vieni con noi in Grecia?* —
— *Non posso, perché non ho il becco di un quattrino.* —

BELLEZZA

Finire in bellezza = terminare una cosa in modo notevole.

Con quella pennellata di colore, certamente il pittore ha finito in bellezza il suo quadro.

BENE

Perdere il ben dell'intelletto = impazzire.

Quando le dissero della disgrazia occorsa alla sua famiglia, la donna perse il ben dell'intelletto.

Andare di bene in meglio = progredire.

Giorgio nell'imparare a guidare l'automobile va ogni giorno di bene in meglio.

BENEDIRE
Andare, mandare qualcuno a farsi benedire = cacciare qualcuno in malo modo.

Il negoziante, stanco delle assurde proteste della casalinga, la mandò a farsi benedire e non la considerò più.

BENIAMINO
Essere il beniamino di qualcuno = essere la persona prediletta, favorita di qualcuno.

Quell'impiegato è il beniamino del suo direttore: vedrai che avrà un aumento di stipendio.

BENSERVITO
Dare il benservito a qualcuno = licenziare qualcuno con durezza, liquidarlo.

La ragazza, dal carattere ribelle ed impulsivo, dopo l'ennesima lite ha dato il benservito al suo fidanzato.

BERE
Darla da bere a qualcuno = convincere qualcuno di una cosa non vera.

Lo studente ha dato da bere alla mamma di essere ammalato, per non andare a scuola.

O bere o affogare = o accettare una cosa o ripiegare su un'altra.

Mi dispiace, ma devi proprio andare dal medico per i tuoi disturbi: perciò o bere o affogare.

Berle grosse = essere credulone.

Purtroppo tuo fratello è così ingenuo che le beve grosse. Cerca di aiutarlo ad essere più prudente.

BERNOCCOLO
Avere il bernoccolo per qualcosa = manifestare inclinazione naturale per qualcosa.

Il tuo amico ha proprio il bernoccolo per gli affari: lo sai che sta diventando sempre più ricco?

BERTA
Quando Berta filava = molto tempo fa.

Gli usi e il sistema di vita di quella famiglia sono di quando Berta filava.

BERTOLDO
Farne più che Bertoldo = combinare molti guai.

Quel ragazzino ne fa più che Bertoldo; ieri ha rotto con il pallone i vetri della finestra.

BESTIA
Andare in bestia = infuriarsi, arrabbiarsi violentemente.

La tua arroganza mi manda in bestia e potrei trattarti male.

BIANCO
Passare la notte in bianco = non riuscire a dormire.

Stamattina Carlo dormiva sul banco perché aveva passato la notte in bianco per un terribile mal di denti.

BIDONE
Fare, dare, tirare un bidone a qualcuno = imbrogliare qualcuno, raggirare.

— Ti piace il mio vestito? —
— È bello, ma ti hanno tirato un bidone perché ha una macchia sul davanti. —

BILE
Essere, diventare verde dalla bile = incollerirsi.

La disubbidienza degli scolari fece diventare il professore verde dalla bile.

BIZANTINE
Fare questioni bizantine = fare questioni interminabili, discutere eccessivamente a lungo.

Smetti, per favore, di fare questioni bizantine! Prendiamo una decisione e facciamola finita.

BOCCA

Essere sulla bocca di tutti = essere argomento di conversazione per tutti.

È una donna frivola e civetta, tanto che per il suo comportamento è sulla bocca di tutti.

Rifarsi la bocca = sostituire una sensazione sgradevole con una gradevole.

Dopo una giornata negativa Paolo si è rifatto la bocca con il concerto rock.

Pendere dalla bocca di qualcuno = ascoltare con attenzione qualcuno.

Mentre il professore spiegava, gli studenti assai interessati pendevano dalla sua bocca. —

Fare la bocca ad una cosa = considerarla come già conseguita.

— Ti è dispiaciuto di non andare al cinema? —'
— Certo, ci avevo fatto la bocca. —

Restare a bocca asciutta = rimanere esclusi da qualcosa con disappunto, rimanere delusi.

Luisa era venuta a comprare questo vestito ma l'avevo già acquistato io; così è rimasta a bocca asciutta.

Avere la bocca che puzza di latte = essere inesperto, imberbe.

Non puoi giudicare tua sorella tu, che hai la bocca che puzza ancora di latte.

Tenere la bocca cucita = non voler o poter parlare.

In quel paese sanno tutti cosa è successo ma preferiscono tenere la bocca cucita, per evitare guai.

Lasciare qualcuno a bocca dolce = lasciarlo soddisfatto.

Lascialo a bocca dolce con una speranza, poveretto! Non vedi che è depresso?

Avere sempre in bocca qualcuno o qualcosa = non stancarsi mai di parlare di qualcuno o qualcosa.

Sei proprio affascinata da Luigi: l'hai sempre in bocca....

BOCCATA
Prendere una boccata d'aria = fare una breve passeggiata.

Il contabile, dopo aver fatto tutto il bilancio della ditta, per rilassarsi andò a prendere una boccata d'aria per venti minuti.

BOCCONCINO
Essere un bocconcino = essere una particolarità, una specialità.

Non devi lasciarti scappare questa occasione che è davvero un bocconcino per il tuo futuro.

BOCCONE
Essere un boccone da prete = essere la parte prelibata di qualcosa da mangiare.

Guarda, ti ho lasciato la parte più tenera del pollo: ti assicuro che è un boccone da prete.

Mangiare uno, due bocconi = fare un pasto frugale, rapido e leggero.

A mezzogiorno mangerò due bocconi in rosticceria e poi ritornerò in banca.

BOLGIA
Essere una bolgia infernale = esserci una grande, spesso rumorosa, confusione.

Ti prego, andiamo via da questa sala da ballo che è proprio una bolgia infernale.

BOLLA
Essere una bolla di sapone = essere una cosa iniziata con vigore e finita quasi subito.

Sembrava una grande amicizia ed invece è stata una bolla di sapone perché i due non si vedono quasi più.

BOLLETTA
Essere in bolletta = essere senza quattrini.

Volevamo invitare a cena l'avvocato, ma essendo in bolletta non abbiamo potuto farlo.

BOMBA

Tornare a bomba = capitare nel momento più adatto.

Avevo bisogno di dati attendibili su quell'industria ed ora le tue informazioni mi tornano proprio a bomba.

Innescare una bomba = creare una situazione di tensione, di fragile equilibrio.

Durante il convegno il relatore con le sue dichiarazioni infiammate ha innescato una bomba.

BOOMERANG

Essere un boomerang = essere una cosa che si ritorce contro chi la fa.

Il concorrente ha cercato di rovinare l'avversario ma ciò è stato un boomerang per lui: infatti è stato squalificato dalla gara.

BORDO

Virare di bordo = realizzare un brusco mutamento di direzione.

Le persone alla riunione erano troppo curiose, cosicché dopo le prime domande ho virato di bordo ed ho trattato altri argomenti.

BORSA

Mettere mano alla borsa = pagare continuamente.

È talmente scialacquatore che, se continuerà a mettere sempre mano alla borsa, in breve tempo andrà in rovina.

BÒTTA

Fare bòtta e risposta = rispondere con una battuta di rimando all'altra.

Dammi retta: se con quel cliente farai bòtta e risposta, otterrai qualcosa, altrimenti sarà lui a decidere il prezzo di tutta la merce.

Dare le bòtte = picchiare in modo cieco, furiosamente.

I ragazzi per la strada si diedero bòtte da orbi per un nonnulla.

BÓTTE

Essere in una bótte di ferro = essere al sicuro.

L'imputato è stato assolto da ogni capo d'accusa: era in una bótte di ferro.

Voler la bótte piena e la moglie ubriaca = cercare di ottenere contemporaneamente due vantaggi contrastanti.

Mario vorrebbe la bótte piena e la moglie ubriaca, ma deve scegliere perché non può lavorare in tutte e due le ditte.

BOTTONE

Attaccare bottone = trattenere qualcuno con una conversazione noiosa, lunga.

Quanto è chiacchierona Luisa! Ogni volta che la vedo mi attacca un tale bottone da farmi innervosire.

Essere nella stanza dei bottoni = avere autorità, potere.

Il senatore Marchetti è l'unico ad essere nella stanza dei bottoni. Va' da lui se sei in difficoltà.

BRACCIO

Se si dà un dito a qualcuno questi si prende tutto il braccio = approfittarsene.

Tu offri ospitalità a quel giovane; ma devi stare attento perché se gli dai un dito si prende anche il braccio e non andrà più via da casa tua.

Essere, dormire in braccio a Morfeo = dormire profondamente.

Mi sento proprio bene perché ho dormito tutta la notte in braccio a Morfeo.

Avere le braccia legate = essere impossibilitato a fare qualcosa.

L'allievo era stato così somaro all'esame che il professore ha avuto le braccia legate nell'aiutarlo.

Cadere, far cadere le braccia = sentirsi impotente, deluso, deludere qualcuno.

Carlo le dette quella brutta notizia e fece cadere le braccia a Luisa che sperava in un esito migliore.

Essere il braccio destro di qualcuno = essere la persona di fiducia di qualcuno.

Quell'uomo è astutissimo e pericoloso: non dimenticare che è il braccio destro del criminale ricercato dalla polizia.

BRODO
Lasciar cuocere qualcuno nel proprio brodo = non dare importanza a ciò che qualcuno fa o dice.

— Sono preoccupato perché Mario non mi saluta più. Cosa gli avrò fatto? —
— Ma lascialo cuocere nel suo brodo... —

Andare in brodo di giuggiole = gongolare.

Quando Lucia fa le moine a suo nonno, questo va in brodo di giuggiole e cede ai capricci della nipotina.

BRUCIATO
Puzzare, sentire puzzo di bruciato = essere, intuire un inganno, sospettare.

Vuoi uscire ora? La cosa mi puzza di bruciato: sono sicura che ti incontrerai con Carla.

BRUTTA
Vedersela brutta = trovarsi in una situazione difficile, imbarazzante.

Sta' attento, che se non paghi subito quell'antiquario te la vedrai brutta.

BUCATO
Fare il bucato in famiglia, lavare i panni sporchi in famiglia = accomodare in famiglia i disaccordi.

Non doveva raccontare a tutti ciò che era successo fra i suoi genitori. In fondo il bucato si fa in famiglia.

BUCCIA

Rivedere le bucce a qualcuno = esaminare meticolosamente l'operato di qualcuno.

Quel capufficio è terribile perché rivede le bucce a tutti i suoi impiegati. Proprio non li invidio.

Rimetterci la buccia, salvare la buccia = morire, non scampare da una minaccia, salvare la vita, la reputazione.

Se quell'individuo continuerà a frequentare i delinquenti che tu conosci, certamente ci rimetterà la buccia.

BUCO

Fare un buco nell'acqua = fare un tentativo inutile.

Il cameriere ha provato a chiedere un trattamento migliore ma ha fatto un buco nell'acqua e così è ritornato tutto mogio al suo lavoro.

BUIO

Fare un salto, saltare nel buio = fare un tentativo rischioso, osare incoscientemente.

Con quell'investimento finanziario per me l'ingegnere Bardi è saltato nel buio.

BUSSOLA

Perdere la bussola = perdere il controllo di sé stessi, sbagliare in qualcosa per stanchezza, mancanza di concentrazione.

Ho davvero perso la bussola e credo che andrò a dormire, tanto sono così stanco che non riuscirei più a fare niente.

BUSSOLOTTI

Fare il gioco dei bussolotti, giocare a bussolotti = agire con abilità, cercando di imbrogliare.

Smettiamo di fare il gioco dei bussolotti e diciamoci apertamente ciò che vogliamo l'uno dall'altro.

BUSTARELLA

Dare, passare la bustarella = dare una somma di denaro per favorire lo svolgimento di un affare, una pratica.

Per ottenere quel posto di lavoro, Fabio ha dato una bella bustarella all'ingegnere. Purtroppo questa è la vita.

BUTTARE

Buttare giù = scrivere di getto, per ispirazione improvvisa.

Il sindacalista ha buttato giù di tutta fretta il manifesto di protesta da presentare alla riunione.

C

CACIO
Cadere come il cacio sui maccheroni = capitare a proposito.

La tredicesima ci è caduta come il cacio sui maccheroni; infatti adesso abbiamo i soldi per comprare i regali di Natale.

CALCAGNO
Stare alle calcagna di qualcuno = spiare, sorvegliare qualcuno.

Quel poliziotto da una settimana sta alle calcagna del pregiudicato.

Avere la testa sotto i calcagni = non avere discernimento, non essere capace di ragionare.

Quella sarta mi ha rovinato il vestito, tagliandolo male. Doveva avere la testa sotto i calcagni.

CALCI
Prendere qualcuno a calci nel sedere = trattarlo in malo modo.

— *Davvero si è comportato così male con voi?* —
— *Senti, ci ha preso a calci nel sedere.* —

CALENDE
Rimandare alle calende greche = rinviare a tempo indeterminato.

Tua sorella mi deve restituire il libro che le ho prestato. Ma lei, con varie scuse, rimanda la restituzione alle calende greche.

CALLO
Fare il callo a qualcosa = farci l'abitudine.

— *Come fai a vivere in quell'ambiente così squallido?* —
— *Ormai ci ho fatto il callo...* —

CAMALEONTE

Essere un, fare il camaleonte = essere un opportunista.

Paolo una volta era socialista, poi comunista; insomma quando gli conviene sa fare il camaleonte.

CAMICIA

Rimetterci anche la camicia = perdere quasi tutte le sostanze in un affare.

In quell'affare sballato il dottor Bianchi ci ha rimesso anche la camicia. Adesso è proprio nei guai.

Essere nato con la camicia = essere fortunato.

Carlo ha fatto un magnifico affare! Certamente è nato con la camicia.

Sudare sette camicie = sottoporsi ad una lunga fatica per raggiungere uno scopo.

Il professore ha sudato sette camicie per far apprendere a tutti gli studenti quel concetto filosofico.

CAMPANA

Tenere qualcuno, vivere sotto una campana di vetro = far evitare a qualcuno dei problemi, non affrontare delle difficoltà.

Mamma, non puoi tenermi per tutta la vita sotto una campana di vetro, lasciami vivere da solo!

Sentire tutte e due le campane = sentire le ragioni di due parti opposte.

Prima di decidere dovrà sentire tutte e due le campane e poi decreterà la sentenza.

CANDELA

Reggere, tenere la candela, il moccolo a qualcuno = essere complice di incontri amorosi.

I miei due amici si vogliono bene ed io reggo loro la candela per non far sospettare i genitori.

Il gioco non vale la candela = un certo comportamento richiede troppa fatica, sacrificio per il suo fine specifico.
— *Dai, impegnati di più a convincere quel cliente...* —
— *No, guarda, non mi conviene. Insomma il gioco non vale la candela.* —

Accendere una candela alla Madonna = considerare la buona sorte di chi ha superato una situazione critica.
Se hai superato l'esame senza aver studiato puoi davvero accendere una candela alla Madonna perché non sono cose che capitano tutti i giorni.

CANE

Can che abbaia non morde = una persona aggressiva a parole non lo è a fatti.
Il capufficio di Carla è burbero e brutale sempre ma, siccome cane che abbaia non morde, non c'è da preoccuparsene.

Non svegliare il can che dorme = non stuzzicare, non provocare una situazione o una persona dalla reazione imprevedibile.
Non ho fatto ciò che dovevo, ma lui non lo sa. Spero che Carlo non glielo dica perché non è prudente svegliare il can che dorme.

Non esserci, non trovare un cane = non esserci persone.
La temperatura era talmente rigida che non si trovava un cane per la strada.

Essere fortunato come i cani in chiesa = essere molto sfortunato.
Sono stata fortunata come i cani in chiesa perché il film che aspettavo da tempo è stato rinviato a data da stabilire.

Essere come cane e gatto = non potersi tollerare a vicenda.
Chi, Laura e Franca? Quelle due sono come cane e gatto. Ti consiglio di non invitarle alla stessa festa.

Menar il can per l'aia = rimandare continuamente una decisione, ritardarne la conclusione.
Paolo, invece di menare il can per l'aia, perché non mi dici apertamente ciò che desideri da me?

CANNA

Essere una canna al vento = cambiare idea in certi momenti, per opportunismo.

Non mi piacciono le persone che sono canne al vento, perché non si può mai stare tranquilli con loro.

Essere povero in canna = essere assai povero.

Quello studente è povero in canna ma con la sua grande tenacia continuerà a studiare, pur con grandi problemi economici.

CANNONE

Essere carne da cannone = essere persona a cui viene imposto un sacrificio, per ambizione, calcolo.

Hanno preso quei profughi come carne da cannone, mettendoli in un campo senza pensare ai loro parenti ed amici.

CANOSSA

Andare a Canossa = fare un atto di pentimento, contrizione.

Giulio, hai combinato un grosso guaio al direttore e ti converrà andare a Canossa, se non vuoi essere licenziato.

CANTARE

Cantarla a... = parlare chiaro, senza giri di parole, lamentandosi.

L'operaio, esaperato da anni di angherie, finalmente l'ha cantata al suo superiore.

Canta che ti passa! = fatti coraggio e supererai il momento difficile.

So che tutti ti hanno fatto molte promesse, ma poi non hai ottenuto nulla. Coraggio, canta che ti passa!

Far cantare qualcuno = far parlare qualcuno.

Dopo un interrogatorio di molte ore, il commissario ha fatto cantare il delinquente e così l'ha messo in prigione.

CANTONATA
Prendere una cantonata = sbagliare una valutazione in modo clamoroso.

Tua cugina ha preso una cantonata con quella persona che poi si è rivelata meschina e diversa da ciò che sembrava.

CAPANNA
Pancia mia fatti capanna! = si possa mangiare di più!

Che meravigliosa torta! Pancia mia fatti capanna!

CAPATINA
Fare una capatina = andare in un posto per brevissimo tempo.

Siccome devo partire alle dieci, farò una capatina al bar e poi tornerò a casa a fare le valigie.

CAPELLO
Spaccare un capello in quattro = dimostrare abilità eccezionale nel discutere.

È un oratore eccellente. Ti spaccherebbe un capello in quattro con le sue sottili argomentazioni.

Far venire i capelli bianchi = recare, provocare preoccupazioni o dispiaceri.

Certamente la malattia di suo figlio le ha fatto venire i capelli bianchi.

Non torcere un capello = non toccare, non fare del male.

Per fortuna i sequestratori della ragazza durante la prigionia non le hanno torto un capello.

Far rizzare i capelli = sconvolgere, terrorizzare fortemente.

Ho visto quella casa... Ti dico, così povera da far rizzare i capelli.

CAPITALE
Mangiar(si) il capitale = dissipare, sperperare le proprie sostanze.

È pazzo tuo figlio a mangiarsi così il capitale! Di questo passo, presto cadrà in rovina.

CAPITOLO

Avere voce in capitolo = possedere autorità e competenza in una comunità.

Sta' zitto quando parlano di politica, ché soltanto Gianni può avere voce in capitolo sull'argomento .

CAPO

Buttarsi a capo fitto = slanciarsi con arditezza.

È una persona coraggiosa e senza ipocrisia: quando fa una cosa ci si butta a capo fitto.

Fare capo a = rivolgersi a...

Per l'acquisto di quella merce faccio capo al direttore della filiale di Roma.

Ricominciare da capo = riprendere nuovamente dall'inizio, dalle basi, una situazione.

Ho sbagliato tutto... Pazienza, ricomincerò da capo.

Non avere né capo né coda = essere una cosa sconclusionata, illogica.

Spiegati meglio perché non ti capisco: il tuo discorso non ha né capo né coda.

Mettere il capo a partito = mettere giudizio, riflettere.

Era ora che tuo cugino mettesse il capo a partito, dopotutto è ormai un uomo adulto.

Rifare una cosa da capo a piedi = rifare una cosa tutta di nuovo.

Ho sbagliato l'esercizio: devo rifarlo da capo a piedi.

Cadere fra capo e collo = capitare qualcosa all'improvviso.

Questa brutta notizia mi è caduta fra capo e collo e per un po' non ho saputo che cosa fare.

Frullare per il capo = passare per la mente.

— Chissà cosa gli sta frullando per il capo! —
— Credo che pensi di farti una sorpresa. —

CAPOLINO
Far capolino = affacciarsi a.
Mentre il bambino dormiva, la governante fece capolino nella camera da letto.

CAPPELLO
Far tanto di cappello a qualcuno = riconoscerne la superiorità.
Quel tecnico è davvero bravo e di fronte alla sua competenza devo far tanto di cappello.

Prendere cappello = impermalirsi.
Le ho detto che era ingrassata; allora lei ha preso cappello e se ne è andata.

CAPPIO
Avere il cappio al collo = essere costretto a fare qualcosa contro la propria volontà, non essere libero.
Purtroppo Mario ha il cappio (intorno) al collo perché sua moglie non lo lascia mai libero di fare ciò che vuole.

CAPPOTTO
Fare cappotto = battere l'avversario senza dargli nessuna possibilità.
Durante la corsa di cavalli, il fantino favorito ha fatto cappotto. Certamente era di molto superiore a tutti.

CAPRA
Salvare capra e cavoli = rispettare opposte esigenze con uno stesso atteggiamento.
Complimenti, con la tua diplomazia hai salvato capra e cavoli e così potremo continuare le trattative di lavoro.

CAPRO
Essere il capro espiatorio = prendersi addosso i torti o le colpe degli altri.
Ci voleva un capro espiatorio in quella circostanza: è toccato a lui e me ne dispiace perché non aveva nessuna colpa.

CARBONI

Stare sui carboni ardenti = essere in tensione, essere in ansia.

Da un'ora sono sui carboni ardenti perché sto aspettando l'esito del mio esame.

CARCIOFO

Essere un carciofo = essere uno sciocco, un credulone.

Sei stato proprio un carciofo a farti incastrare da Luisa con le paroline dolci.

CARICA

Tornare alla carica = ripetere insistentemente una richiesta.

Il padrone di casa è nuovamente tornato alla carica e in una settimana ha già telefonato due volte per l'aumento dell'affitto.

CARICARE

Caricarsi = gravarsi di qualcosa, prendere energia.

Aveva un tenore di vita troppo alto per le sue sostanze e si è caricato di debiti.

CARITÀ

Fare la carità pelosa = essere caritatevoli per uno scopo, un interesse.

Il commendatore fa sempre la carità pelosa con i suoi dipendenti, perché così può chiedere a loro di trattenersi all'occorrenza oltre l'orario d'ufficio.

CARLO

Farne più di Carlo in Francia = fare svariate esperienze, combinare guai.

Quell'uomo nella sua vita ne ha fatte più di Carlo in Francia, ed ora, invecchiando, è ritornato a casa.

CARLONA

Fare le cose alla carlona = fare qualcosa in modo sciatto, essere disordinato.

Mario, sei disordinato! Fai tutto alla carlona e poi non trovi più ciò che ti occorre.

CARNE

Essere in carne = avere un aspetto florido.

Luigi è stato malato ma fortunatamente dopo la convalescenza è tornato in carne.

Mettere troppa carne al fuoco = volere fare troppe cose contemporaneamente.

Vuoi studiare canto e pittura? Mi sembra che tu metta troppa carne al fuoco.

Non essere né carne né pesce = non avere una identità precisa.

Mia sorella non è ancora né carne né pesce: crescendo maturerà e diventerà persino medico.

CARRO

Mettere il carro davanti ai buoi = fare prematuramente qualcosa.

Sperando di vincere alla lotteria, si comprò una macchina costosissima, ma mise il carro davanti ai buoi perché all'estrazione non risultò vincitore.

CARTA

Cambiar le carte in tavola = ritrattare ciò che si è detto.

Mi aveva promesso un lavoro ma dopo due giorni ha cambiato le carte in tavola e mi ha detto che non poteva assumermi.

Dare, lasciare carta bianca a qualcuno = dare ampia libertà di azione a qualcuno.

La signora ha molta fiducia nel suo amministratore e gli lascia carta bianca per tutte le decisioni dell'azienda.

Avere carta bianca = avere libertà, autonomia di azione e decisione.

Avuta carta bianca, l'amministratore iniziò le pratiche per l'acquisto dei magazzini.

Mandare a carte quarantotto = rinunciare a qualcosa all'improvviso.

Luisa ha mandato a carte quarantotto il suo fidanzamento.

Fare carte false = non guardare ai particolari pur di conseguire uno scopo.

È un ambizioso che pur di fare carriera farebbe carte false.

Giocare l'ultima carta = fare un estremo tentativo.

Ha giocato l'ultima carta con il padrone di casa dicendogli che avrebbe lasciato libera la casa subito se non ci si fosse messo di mezzo l'avvocato.

Giocare a carte scoperte = agire senza finzioni.

Giocando a carte scoperte forse otterremo ciò che desideriamo da Paolo che è una persona davvero per bene.

Mettere le carte in tavola = parlare apertamente, senza mezze parole.

Il medico mise le carte in tavola e disse al paziente che la sua malattia era grave.

CARTACCE
Son cartacce = essere in una situazione che peggiora.

Non essere così aggressiva con quel professore, altrimenti son cartacce.

CARTUCCIA
Essere una mezza cartuccia = valere poco.

Il figlio del dottor Rossi è proprio una mezza cartuccia nel gioco del biliardo. Sbaglia continuamente.

Sparare tutte le cartucce = fare uso di tutti i mezzi posseduti.

Anche se sparassi tutte le mie cartucce non riuscirei a farmi amare da Giuliana, purtroppo.

CASA
Mettere su casa = stabilirsi.

— Dove metterete su casa quando sarete sposati? —
— A Firenze, naturalmente! —

44

Stare di casa e di bottega = essere inseparabili.

Paolo è sempre con Luisa: praticamente sta di casa e di bottega con lei.

CASCAMORTO

Fare il cascamorto = recitare insistentemente la parte dell'innamorato.

È tutta la sera che il tuo amico fa il cascamorto con me. Perché non gli dici di smetterla di importunarmi?

CASO

Fare caso ad una cosa = prestare attenzione.

Facci caso! Ti accorgerai che quei due sono innamorati.

CASSA

Battere cassa = chiedere soldi.

Stasera andrò a battere cassa dal nonno perché i miei genitori non mi hanno dato i soldi per il cinema.

CASSANDRA

Essere, fare la Cassandra = presagire cose brutte.

Smettila di fare la Cassandra! Forse stavolta otterremo la borsa di studio per l'Inghilterra.

CASTAGNA

Prendere qualcuno in castagna = coglierlo in fallo.

Ho preso Maria in castagna mentre mangiava la cioccolata che le fa male.

Togliere le castagne dal fuoco = assumersi la responsabilità di qualcosa.

Possibile che debba essere sempre io a toglierti le castagne dal fuoco? Assumiti le tue responsabilità, sei grande ormai.

CASTELLO

Fare castelli in aria = sognare cose impossibili.

Non fare castelli in aria! Mario non ti sposerà mai.

Fare un castello di carte = fare sogni irrealizzabili.

Quanti castelli di carte ho fatto da giovane! Ora purtroppo la realtà è ben diversa.

CASTIGAMATTI

Essere il castigamatti = essere una persona abile nel far tornare qualcuno alla ragione o all'obbedienza.

Con quei ragazzacci ci vorrebbe mio padre; lui sì che è un castigamatti eccezionale!

CATINELLE

Piovere a catinelle = piovere abbondantemente.

Che tempaccio, piove a catinelle ed io non ho neppure l'ombrello.

CATTEDRA

Salire in cattedra = diventare presuntuoso, parlare con aria di sufficienza.

Quando Teresa sale in cattedra non la sopporto più. Dopotutto non è l'unica esperta in musica antica.

CAVALLERIA

Andare, essere, passare in cavalleria = essere una cosa ormai perduta, dimenticata.

Santo cielo, mi sono dimenticata di telefonare a Paolo! Con tutte le cose che dovevo fare, la telefonata è passata in cavalleria.

CAVALLINA

Correre la cavallina = abbandonarsi ad una vita spensierata.

È meglio correre la cavallina da giovani. Poi ci si sposa e addio avventure.

CAVALLO

Campa cavallo che l'erba cresce = essere qualcosa di incerta o impossibile realizzazione.

Se Marco aspetta la telefonata, campa cavallo che l'erba cresce. Anna infatti non lo chiamerà.

Andare con il cavallo di S. Francesco = andare a piedi.

Davvero non c'è posto in macchina per me? Pazienza, andrò alla festa con il cavallo di S. Francesco.

Essere a cavallo = essere sicuro di raggiungere uno scopo.

Sono a cavallo. Il Comune ha concesso l'autorizzazione per la costruzione della casa.

Essere il cavallo di battaglia di qualcuno = essere la parte migliore, il pezzo forte dell'attività di qualcuno.

È un cantante bravissimo e il suo cavallo di battaglia è la Traviata di Verdi.

CAVATO

Cavato il dente, cavato il dolore = una cosa prima è fatta meglio è.

Sbrigati a fare questo ingrato esercizio; cavato il dente cavato il dolore e così potrai uscire con gli amici.

CAVOLO

Non capire un cavolo = non capire nulla.

Basta, non ci capisco un cavolo in questo problema di matematica.

Entrarci, starci come il cavolo a merenda = essere una cosa inopportuna, fuori luogo.

Durante il convegno hai fatto un intervento che c'entrava come il cavolo a merenda. Pensaci, prima di parlare.

CENERE

Covare sotto la cenere = non manifestare un sentimento, un pensiero.

Mi sembra che Anna stia covando qualcosa sotto la cenere perché è troppo silenziosa ed accetta ogni cosa tranquillamente.

Cospargersi il capo di cenere = umiliarsi.

Si è cosparso il capo di cenere quando ha capito di aver sbagliato verso Gino.

CERA
Far buona cera a qualcuno = accoglierlo con benevolenza.
Era un'ospite gradita e l'architetto le ha fatto una buona cera.

CERBERO
Essere un Cerbero = essere intrattabile, indisponente.
Che Cerbero è tua moglie! Ma come fai a sopportarla?

CERTEZZA
Avere la certezza in mano = avere una profonda convinzione.
— Mi fa piacere che tua madre ci dia il permesso per la gita. Sei sicuro che non cambierà idea? —
— Non preoccuparti, ne ho la certezza in mano. —

CERTO
Lasciare, perdere il certo per l'incerto = lasciare una cosa, situazione sicura per un'altra non bene definita.
Non ti consiglio di lasciare il certo per l'incerto, infatti conosci il presente ma non hai alcuna garanzia per il futuro: perciò rimani qui a Genova.

CERVELLO
Lambiccarsi il cervello = sforzarsi di capire.
Non lambiccarti il cervello a fare questa equazione, tanto non la risolveresti comunque.

Avere un cervello di gallina = essere stupido, sciocco.
Giulia è bella e ricca: peccato che abbia un cervello di gallina.

CESARE
Dare a Cesare quel che è di Cesare = valutare obiettivamente i meriti di ciascuno.
Quel medico ti è antipatico, però devi ammettere che è esperto nel suo campo: da' a Cesare quel che è di Cesare.

CESELLO
Lavorare di cesello = sfoggiare un'estrema accuratezza stilistica.
Quel poeta è così raffinato che nel comporre lavora di cesello.

CHIACCHIERE
Fare due chiacchiere = fare per passatempo una breve conversazione.
— Potrei venire domani a fare due chiacchiere con te? —
— Certamente, mi farà piacere. —

CHIARO
Parlare chiaro e tondo = parlare apertamente.
Se Paolo parlasse chiaro e tondo con me saprei esattamente che cosa fare per lui.

CHIAVE
Trovare la chiave = trovare il metodo di risoluzione di una cosa.
Finalmente dopo un'ora intera ho trovato la chiave del rebus.

Entrare per il buco della chiave = comparire improvvisamente, superare a stento una prova.
Perché entri sempre per il buco della chiave? Tossisci almeno per farti sentire.
Carlo è entrato in quell'ufficio per il buco della chiave. Infatti la commissione del concorso è stata davvero indulgente...

CHIESA
Far la visita delle sette chiese = girare da un luogo ad un altro senza risultato.
Ieri per cercare questo libro abbiamo fatto la visita delle sette chiese. Fortunatamente oggi ce l'ha portato Claudio.

CHILO
Fare il chilo = riposarsi dopo pranzo.
Mio padre ha l'abitudine di fare il chilo dopo pranzo, ma io no.

CHIMERA

Essere una chimera = essere un sogno vano, irrealizzabile.

Pensare di fare una vacanza in Grecia quando non si hanno nemmeno i soldi per vivere, è proprio una chimera.

CHIODO

Attaccare il berretto, le scarpe al chiodo = abbandonare un'attività sportiva.

Da quando ha attaccato le scarpe al chiodo è ingrassato di molti chili.

Avere un chiodo fisso = avere un pensiero ricorrente.

Smettetela di parlare sempre di quei due. Avete davvero un chiodo fisso.

Essere roba da chiodi = essere una cosa incredibile, pazzesca.

Come, hanno buttato via quel meraviglioso tavolo antico? Ma è roba da chiodi.

Essere magro come un chiodo = essere magrissimo.

— Ti piace Giulio? —
— No, perché è magro come un chiodo ed io preferisco gli uomini robusti.—

Piantare chiodi = fare debiti.

Andrea ha l'abitudine di piantare chiodi. Attento!

Chiodo schiaccia chiodo = una cosa o persona nuova fa dimenticare la precedente.

Maria è stata abbandonata dal suo ragazzo ed ora esce con Lucio: chiodo schiaccia chiodo.

CICCA

Non valere una cicca = non valere niente.

— Bello questo quadro. —
— Ma dai, non vale una cicca. È orribile! —

CICERONE

Fare da Cicerone = fare la guida in un museo, in un luogo in genere.

Il professor Bardi farà da Cicerone ai congressisti durante la visita alla città.

Fare il Cicerone = fare il saccente, il sapientone.

Il mio amico è detestato dai compagni di corso perché davanti al professore non perde mai l'occasione di fare il Cicerone.

CIECO

Essere cieco come una talpa = essere di scarsa intelligenza, non vedere bene.

Sono stato cieco come una talpa a non accorgermi che mentre parlavo tu nemmeno mi ascoltavi.

CIELO

Toccare il cielo con un dito = sentirsi felice nel vedere soddisfatto un desiderio.

Se i miei genitori mi portassero in Inghilterra toccherei il cielo con un dito.

Non stare né in cielo né in terra = essere una cosa illogica.

Rosetta fa dei discorsi che non stanno né in cielo né in terra. Non capisco, eppure è una ragazza intelligente.

Essere al settimo cielo = essere al massimo della contentezza.

Sono al settimo cielo! Domani mi regaleranno la motocicletta che desideravo da tanto tempo.

CIFRA

Parlare in cifra = parlare in gergo.

E chi li capisce? Parlano in cifra ed io non conosco quelle parole.

CILECCA

Fare cilecca = mancare nello scopo e nell'effetto.

Volevo invitarla a teatro ma per la mia timidezza ho fatto cilecca con lei e così adesso non so cosa fare.

CILIEGIA

Una ciliegia tira l'altra = le cose non vengono mai isolate.

Dopo quella conferenza Maria ha ricevuto l'invito per un'altra conferenza: è vero che una ciliegia tira l'altra.

CIMA

Essere una cima = essere una personalità eminente, un esperto.

Quell'elettricista è veramente una cima nel suo lavoro: mi ha fatto un impianto elettrico meraviglioso.

CINGHIA

Stringere, tirare la cinghia = affrontare delle privazioni.

Non spendere troppo in sciocchezze e tira la cinghia perché siamo rimasti con pochi soldi.

CIRCOLAZIONE

Sparire dalla circolazione = non farsi più vedere in giro.

Sai che fine ha fatto Pietro? È sparito dalla circolazione e non so più niente di lui.

CIRCOLO

Essere un circolo, un giro vizioso = essere un ragionamento sbagliato fin dalle basi.

Per me è un circolo vizioso, perché nel tuo caso ogni fatto è conseguenza e causa dell'altro ed il tuo problema pertanto non è risolvibile.

CIURLARE

Ciurlare nel manico = venir meno ad un impegno assunto.

Non mi piace Paolo perché spesso ciurla nel manico e pertanto non si può fare affidamento su di lui.

CIVETTA

Fare la civetta = indurre, provocare al corteggiamento.

Mi fa rabbia Teresa che fa la civetta con tutti gli uomini.

CODA

Avere la coda di paglia = adombrarsi a causa della propria coscienza sporca.

Quel tuo collega ha la coda di paglia perché mentre parlavo del suo principale ha cambiato espressione.

Mettersi, tornare con la coda fra le gambe = stare mogio, sentirsi umiliato.

Lo scolaro si è messo la coda fra le gambe quando il maestro l'ha sgridato per la sua svogliatezza.

Fare la coda = mettersi in fila per...
Per prendere quel certificato d'iscrizione all'Università Giulio ha dovuto fare la coda per più di un'ora.

Guardare con la coda dell'occhio = guardare furtivamente.
Mentre Franca parlava, Riccardo l'ha guardata con la coda dell'occhio per non farsene accorgere.

COGLIONI
Levarsi dai coglioni = essere scacciato, andarsene.
Levati dai coglioni! Mi hai proprio seccato con i tuoi discorsi.

Rompere i coglioni = disturbare pesantemente, infastidire.
Mi stai rompendo i coglioni ed io devo lavorare. Via!

COLLO
Far allungare il collo = far desiderare qualcosa.
Che profumino d'arrosto! Mi fai proprio allungare il collo.

Tirare il collo ad una bottiglia = aprirla, stapparla.
Tiriamo il collo a questa bottiglia di vino perché dobbiamo festeggiare la sua laurea.

Prendere per il collo = imporre pesanti condizioni a qualcuno, approfittandosene.
Questo l'hai pagato troppo. Hanno capito che ti serviva e ti hanno preso per il collo.

COLOMBAIA
Tirare sassi in colombaia, piccionaia = tenere un atteggiamento controproducente a se stessi o agli amici.
Sei un disgraziato, non dovevi tirare i sassi in colombaia quando il direttore ti chiese informazioni su di me.

COLOMBO

Essere l'uovo di Colombo = essere cosa di facile soluzione, ma ritenuta insolubile.

Abbiamo trovato una camera libera nel migliore albergo della città: è come l'uovo di Colombo.

COLORE

Dipingere a vivi colori = descrivere con calore una cosa.

Entusiasta della sua gita sulle Dolomiti, la ragazza dipingeva a vivi colori la bellezza del paesaggio.

Farne di tutti i colori = combinare guai.

Carlo ha rotto il vaso cinese della nonna. Ne fa davvero di tutti i colori.

COLOSSO

Essere un colosso con i piedi d'argilla = essere una persona, una situazione in crisi che può franare improvvisamente.

Quel nobiluomo mi convince poco: per me è un colosso con i piedi d'argilla.

COLPO

Fare un colpo di testa = fare una pazzia.

Quel giovanotto ha fatto un colpo di testa quando ha abbandonato la sua famiglia.

Dare un colpo al cerchio ed uno alla botte = barcamenarsi fra due contendenti.

Il venditore è stato abilissimo ed ha saputo dare un colpo al cerchio ed uno alla botte.

Andare a colpo sicuro = agire senza la minima incertezza.

Il ladro è andato a colpo sicuro ed ha svuotato la cassaforte.

Dare il colpo di grazia = assestare il colpo finale.

Non dargli il colpo di grazia: è talmente avvilito che non devi infierire ancora.

Dare un colpo di telefono = fare una breve telefonata.

Mi fai fare un colpo di telefono a casa per avvertire che arriverò più tardi?

Dare un colpo di spugna = risolversi a dimenticare tutti i torti precedenti.

Perché non diamo un colpo di spugna ai nostri contrasti e ricominciamo tutto da capo?

Essere un colpo di fulmine = innamorarsi improvvisamente.

Quando Paolo e Clara si sono conosciuti è stato per entrambi un colpo di fulmine.

Fare un colpo di mano = fare di sorpresa un'azione militare, un'impresa in genere.

Il generale con un rapido colpo di mano è riuscito a sgominare il nemico.

Dare a qualcuno un colpo gobbo = dare a qualcuno un colpo difficile da evitare.

Claudio è sempre il solito irresponsabile perché ha dato un colpo gobbo al suo collega e l'ha messo in seria difficoltà.

Perdere i colpi = perdere progressivamente le proprie facoltà mentali.

La zia è così vecchia ormai che comincia a perdere i colpi: lo sai che non si ricorda più di niente.

Essere un colpo di scena = verificarsi un improvviso ed imprevisto cambiamento di orientamento.

C'è stato un colpo di scena quando Margherita ha annunciato ai soci la sua intenzione di ritirarsi dall'attività.

COLTELLO

Avere il coltello dalla parte del manico = avere il potere di agire impunemente, sentirsi il più forte.

— Non voglio assumere quell'incarico! —
— Mi dispiace, ma siccome sono io ad avere il coltello dalla parte del manico, ti ordino di farlo. —

COMPARSA

Fare da comparsa = essere costretto a rinunciare ad un ruolo attivo.

Spesso a Maria le fanno fare da comparsa perché è talmente educata e timida che tutti se ne approfittano.

CONDIZIONE

Condizione «sine qua non» = essere la condizione indispensabile per qualcosa.

Dimagrire è la condizione «sine qua non» potrò piacere a quel ragazzo. Come farò?

CONNOTATI

Cambiare i connotati a qualcuno = deformargli il volto con percosse.

Se non la smetti di far rumore, ti cambio i connotati.

CONQUIBUS

Essere, venire al «conquibus» = giungere al punto focale, alla conclusione di qualcosa.

Eccoci al «conquibus»: allora lo facciamo o no questo acquisto?

CONSERVA

Andare di conserva = andare avanti insieme.

Paolo e Carlo sono andati di conserva fin da piccoli. Si vogliono molto bene.

CONSIGLI

Tornare a più miti consigli = indietreggiare, moderare le precedenti posizioni.

Tornando a più miti consigli forse potremo continuare a lavorare tranquillamente insieme.

CONTO

Non tornare i conti = non andare nella situazione prevista, essere una direzione diversa da quella che si supponeva.

Avevo pensato di stare da voi un po' di giorni ma evidentemente i conti non tornano. Perché non mi volete con voi?

Regolare i conti con qualcuno = vendicarsi di un affronto, un'offesa.

Il mafioso sa come regolare i conti con l'avversario.

Non mettere conto = non essere conveniente.

Non si sono recati alla palestra con il taxi perché non metteva loro conto.

Fare i conti in tasca = indagare in modo scrupoloso sul comportamento, sulle spese altrui.

Maria fa sempre i conti in tasca agli altri; ma è impossibile che conosca le loro reali possibilità economiche.

Fare i conti senza l'oste = decidere qualcosa senza interpellare la persona che poteva essere interessata a...

Luisa ha fatto i conti senza l'oste. Sua madre infatti l'ha trattenuta a casa e lei non è più andata a ballare.

CONTRALTARE
Fare un contraltare = fare concorrenza a qualcuno.

Quel negoziante ha fatto un contraltare al negozio davanti, ed ora nel nostro quartiere abbiamo due fruttivendoli uno di fronte all'altro.

CONTRO CORRENTE
Andare contro corrente = procedere in contrasto con le idee dominanti.

Paolo è un esibizionista che va contro corrente in tutte le cose, pur di scandalizzare gli altri.

CONTROPIEDE
Cogliere, prendere qualcuno in contropiede = impedire i propositi di qualcuno.

Volevo svolgerla io quell'inchiesta, ma Nicola, il mio collega, si è offerto e mi ha preso in contropiede.

CONVENTO

Prendere ciò che passa il convento = contentarsi di ciò che si trova.

— *Non mi piace questa minestra.* —
— *Prendi ciò che passa il convento perché altrimenti andrai a letto senza cena.* —

CORDA

Tagliare la corda = andarsene rapidamente.

Sarà meglio che tagliamo la corda prima che venga quell'insopportabile di Giovanni.

Tirare la corda = esagerare, esasperare qualcuno, insistere eccessivamente su qualcosa.

Tuo cognato non dovrebbe tirare la corda con me perché alla lunga potrei perdere la pazienza.

Mettere alle corde = sopraffare un avversario.

L'esponente comunista è stato messo alle corde da quello democristiano.

Essere giù di corda = essere depresso.

Dopo la partenza del suo ragazzo, mia cugina è giù di corda e non esce quasi mai di casa.

Dar corda a qualcuno = dimostrare ostentata simpatia per..., far parlare qualcuno per interesse.

Maria, da' corda allo zio, così sapremo che regalo ci faranno i nostri genitori per Natale.

Tenere qualcuno sulla corda = tenere qualcuno in ansia, in tensione.

Maria tiene sulla corda mio cugino: perché non si decide a dargli una risposta?

Avere la corda intorno al collo = essere sottoposto a qualcuno, senza possibilità di liberarsi.

Mario fa tutto ciò che vuole sua moglie. Certamente non lo invidio perché ha la corda intorno al collo.

CORNA
Fare le corna = tradire, fare segni di scongiuro.

— *Sei sicuro che Maria faccia le corna al marito?* —
— *Senza dubbio, è sempre con il collega in tenero atteggiamento.* —
Domani vado al mare: facciamoci le corna e speriamo che non piova!

Avere le corna = essere tradito.

Molte persone hanno le corna perché le occasioni sono tante.

CORO
Far coro a qualcuno = seguire qualcuno nelle sue valutazioni.

*Ogni volta che l'ingegnere esprime la sua opinione tu gli fai coro. Perché
non provi a pensare con il tuo cervello?*

CORPI
Essere due corpi e un'anima = essere profondamente uniti.

*Che tenerezza mi fanno così innamorati ed affettuosi! Sono due corpi ed
un'anima.*

CORPORE VILI
Fare un esperimento, una prova in «corpore vili» = sperimentare
su una cosa di poco conto.

*È meglio provare questo smacchiatore su un tessuto qualunque e dopo sul
tappeto persiano: insomma facciamo una prova in «corpore vili».*

CORRENTE
Mettere al corrente = informare.

Ci pensa lei a mettere suo padre al corrente della novità.

CORTO
Essere a corto di... = scarseggiare.

Sono a corto di soldi; potresti prestarmi diecimila lire!

Tagliare corto = sintetizzare.

*Non spiegherò tutto ciò che è successo perché voglio tagliare corto. In
conclusione non possiamo incontrarci.*

COSTOLA

Stare alle costole di qualcuno = stare sempre vicino, sorvegliare qualcuno.

È insopportabile la madre di Gina: le sta sempre alle costole e la sera non può uscire fino a tardi.

COTONE

Avere il cotone negli orecchi = non volere sentire.

Ho chiesto un aumento di stipendio al direttore ma lui ha mostrato di avere il cotone negli orecchi.

COTTO

Prendere una cotta per qualcuno = innamorarsi di qualcuno.

Ho preso una tale cotta per quella ragazza che non faccio altro che pensare a lei.

Essere cotto a puntino = essere innamoratissimo.

Si vede proprio che Maria è cotta a puntino di Lorenzo! Non si stacca mai da lui.

Farne di cotte e di crude = fare cose di tutti i generi.

È un bambino vivacissimo che ne fa di cotte e di crude. Poveretti i genitori.

Dirne di cotte e di crude = dire svariate cose, soprattutto con cattive intenzioni.

La tua portinaia è una donna che ne dice di cotte e di crude sugli inquilini. Che pettegola!

CREATORE

Andare al Creatore = morire.

Prima o poi tutti vanno al Creatore.

CRESTA

Abbassare la cresta = sottomettersi.

Fai il prepotente! Sta' attento a non trovare qualcuno che ti faccia abbassare la cresta.

Alzare, rizzare la cresta = insuperbirsi.

Dopo l'aumento di stipendio il signor Belli ha rizzato la cresta.

Essere sulla cresta dell'onda = essere al massimo del successo, essere a capo di una situazione non sempre controllabile.

Quel cantante è in Italia sulla cresta dell'onda.
Antonio, senza volerlo, è oggi sulla cresta dell'onda nel suo partito.

Fare la cresta su qualcosa = maggiorare il prezzo di qualcosa per ricavare un vantaggio.

Tutti i commercianti fanno la cresta sui prodotti che vendono. Ormai è cosa comune.

CROCE

Farci, mettere una croce = rinunciare a qualcosa.

Ci ho fatto una croce: mai più andrò in quell'albergo.

Mettere uno in croce = tormentare qualcuno.

Flavia ha una madre talmente assillante che la mette in croce per ogni piccola cosa.

CRUDO

Non essere né crudo né cotto = essere indeciso, privo di personalità.

Non puoi pretendere una decisione da Laura che ancora non è né cruda né cotta.

CUCCAGNA

Essere il paese della cuccagna = essere in una situazione facile, vantaggiosa.

Questa scuola è il paese della cuccagna perché i professori non sono così severi come nelle altre.

CULO

Essere culo e camicia con qualcuno = essere assai in intimità con qualcuno.

Gino? È culo e camicia con Luca e sono proprio inseparabili.

Dare un calcio nel culo a qualcuno = licenziarlo bruscamente.

Che ingiustizia! Dopo anni di servizio in quella ditta a quel poveretto gli hanno dato un calcio nel culo e ... Via!

Prendere per il culo qualcuno = prendersi gioco di qualcuno, mentire a qualcuno.

Mi hai preso anche troppo per il culo! Ora vattene!

CUOIA

Tirare le cuoia = morire, spesso in povertà.

Poveraccio, ha tirato le cuoia in quello squallido ospedale, dopo una vita di duri sacrifici.

CUORE

Essere due cuori e una capanna = essere sentimentalmente assai vicini.

Fa tenerezza quella coppia: così innamorati ed affettuosi sono due cuori e una capanna.

Toccare il cuore = commuovere.

Per la morte di mio padre le parole di condoglianze di Carla mi hanno toccato il cuore.

Mettersi il cuore in pace = rassegnarsi.

Ti ho fatto chiamare per dirti di metterti il cuore in pace e pensare al futuro.

Parlare con il cuore in mano = parlare sinceramente, quasi con affetto.

Da' retta a me che ti parlo con il cuore in mano: non metterti nei pasticci.

Sentirsi piangere il cuore = dispiacere, dolersi.

Mi piange il cuore a dirti che non posso accompagnarti, ma devo studiare.

Prendere, stare a cuore = essere qualcosa o qualcuno che preme, interessa fortemente.

Ci sta a cuore che lui ritorni sano e salvo da quella battuta di caccia.

Aver un cuore di leone = essere intrepido, coraggioso.

Quel marinaio ha dimostrato di avere un cuore di leone durante la difficile navigazione.

D

DADO
Il dado è tratto = il gioco, la cosa è fatta.
Finalmente, il dado è tratto! Il presidente della società ha accettato la mia proposta.

DAMASCO
Essere sulla via di Damasco = essere verso la conversione religiosa o il pentimento.
Hai visto Roberto sulla via di Damasco?... Era naturale, dopo ciò che aveva fatto ai suoi genitori.

DAMOCLE
Avere la spada di Damocle sul capo = essere continuamente in una situazione pericolosa, di precarietà.
La mia malattia può sempre peggiorare: credi, non è bello avere questa spada di Damocle sul capo.

DARE
Dare su... = affacciarsi.
La finestra della sala dà sul Corso.

DENTE
Essere armato fino ai denti = avere una quantità eccessiva di armi, essere preparato alla lotta.
Nonostante i soldati fossero armati fino ai denti, il reparto nemico, agile e ben organizzato, li sconfisse.
Perché non ti rilassi? Non è necessario essere armati fino ai denti per trattare con il direttore....

Parlare fuori dai denti = parlare senza timore, apertamente.

Che carattere la tua amica! Ieri ha proprio parlato fuori dai denti ed io ho dovuto starmene zitto.

Avere il dente avvelenato = dimostrare il proprio rancore verso qualcuno.

Da quando gli ha soffiato la ragazza, Carlo ha il dente avvelenato contro Lorenzo e non perde occasione per parlarne male.

Restare a denti asciutti = rimanere a digiuno o deluso.

L'ingegnere aveva pensato di cenare con la sua segretaria ma è rimasto a denti asciutti.

Mettere sotto i denti = mangiare.

— Cosa c'è da mettere sotto i denti? —
— Niente, potevi venire prima. —

La lingua batte dove il dente duole = parlare sempre di ciò che sta a cuore.

Mi sembra che tu parli troppo dei regali di Natale. Di', non sarà per caso che la lingua batte dove il dente duole? Ricordati che non mi piace fare regali per Natale.

Non mettere nulla sotto i denti = non avere da mangiare.

Ho fame! Non ho messo nulla sotto i denti da stamattina.

Essere tirato coi denti = essere fatto con sforzo, a tutti i costi.

È stato un discorso tirato coi denti: l'oratore parlava, parlava, ma ciò che diceva non significava niente.

Strapparsi un dente = fare un grosso sacrificio.

Per me è una spesa molto forte, ma per farti un piacere mi strapperò un dente e ti comprerò il videoregistratore.

DENTRO

Darci dentro = fare una cosa con decisione, insisterci.

Dacci dentro e così ti accorgerai che non è difficile programmare l'elaboratore dei dati.

DERIVA
Andare alla deriva = abbandonarsi al corso degli eventi.

La ricerca di gruppo sta andando alla deriva perché gli studenti non hanno saputo organizzarsi.

DEUS EX MACHINA
Essere il «deus ex machina» = essere la persona capace di risolvere una questione problematica.

Ci fu un tafferuglio nella piazza e finalmente, «deus ex machina», vennero le forze dell'ordine.

DIAMANTE
Essere la punta di diamante = essere una cosa determinante per lo svolgersi di una situazione.

Per la difesa di quell'imputato, la sua nota integrità morale fu la punta di diamante del processo.

DIAVOLO
Avere un diavolo per capello = essere di pessimo umore.

Luisa ha un diavolo per capello perché le si è bruciato l'arrosto.

Avere il diavolo addosso, in corpo = essere agitatissimo, quasi da sragionare.

Calmati, sembra che tu abbia il diavolo addosso! Dopotutto abbiamo ancora il tempo di pulire la casa perché il treno partirà fra quattro ore.

Abitare a casa del diavolo = abitare molto lontano.

Peccato che Lucia abiti a casa del diavolo, altrimenti sarei andato a trovarla subito.

Il diavolo non ci andrebbe! = essere un luogo sperduto, ed insidioso che non attrae nessuno.

Davvero vuoi vivere in questo casolare abbandonato dove nemmeno il diavolo ci andrebbe per un'anima?

Essere il diavolo che ci mette la coda = sorgere, verificarsi dei contrasti.

L'hai ottenuta quella borsa di studio per l'Inghilterra? —
— No, purtroppo il diavolo ci ha messo la coda. —

Sapere dove il diavolo tiene la coda = conoscere ogni sorta di inganno.

È un affarista: sa sempre dove il diavolo tiene la coda e batte la concorrenza.

Fare la parte del diavolo = tentare verso il male.

Non fare la parte del diavolo con Anna! Sai che è a dieta e perciò non devi offrirle quel dolce alla panna.

Fare il diavolo a quattro = far molto rumore, produrre uno stato di confusione per scopi determinati.

Farei il diavolo a quattro pur di ottenere quella parte nella commedia che quell'artista ha scritto.

Essere il diavolo e l'acqua santa = essere persone che non vanno assolutamente d'accordo.

Quelle due sorelle sono il diavolo e l'acqua santa: insomma litigano continuamente.

Mandare qualcuno al diavolo = levarsi qualcuno di torno in malo modo.

Non ne potevo più della sua sfacciataggine e l'ho mandato al diavolo.

DICHIARARSI
Dichiararsi = confessare il proprio amore.

Paolo si è dichiarato a Maria, ma lei l'ha respinto.

DIGA
Opporre una diga = mettere un limite.

Bisogna opporre una diga al traffico di droga.

DITO
Legarsela al dito = tenere a mente un torto ricevuto.

Me la sono legata al dito, così quando lui avrà bisogno di qualcosa non lo aiuterò.

Mettere il dito nella piaga = toccare un punto delicato, un lato debole.

Non chiedergli sempre dei suoi problemi familiari perché metteresti il dito nella piaga.

DOCCIA

Essere una doccia fredda = essere un evento, una notizia poco piacevole ed inaspettata.

Il sapere che non avevo superato l'esame è stato per me una doccia fredda. Infatti credevo di aver risposto bene.

DONGIOVANNI

Essere un dongiovanni = essere un uomo elegante, impenitente corteggiatore.

Tuo fratello è un irresistibile dongiovanni e tutte le ragazze sono pazze di lui.

DORMIRE

Mettere qualcosa a dormire = rimandare indefinitivamente la conclusione di una cosa.

Se non riusciamo a prendere una decisione subito, mettiamola a dormire in attesa di momenti migliori.

Dormire come un ghiro, un macigno, un orso, un sasso = dormire profondamente.

Dopo la gita al mare il ragazzino dormì tutta la notte come un ghiro, tanto era stanco.

Dormire tanto da non svegliarsi nemmeno con le cannonate = dormire saporitamente.

Che sonno tremendo! Se andassi a letto ora sono sicuro che dormirei tanto da non svegliarmi nemmeno con le cannonate.

DOSE

Rincarare la dose = aggiungere ingiurie, offese ad altre precedenti.

Gabriella trattò male suo marito e, per rincarare la dose, gli comunicò anche che non voleva andare più a teatro con lui.

DRITTO

Non aver né dritto né rovescio = essere sconclusionato.

Mara? Non capisco come lui possa vederci delle qualità. Per me quella ragazza non ha né dritto né rovescio.

DUE

Non avere due per far tre = mancare del necessario.

È una famiglia poverissima che non ha due per far tre. Voglio aiutarli.

DURO

Tenere duro = resistere.

Tieni duro, che arrivo io e ti aiuterò contro quegli avversari.

E

ECATOMBE
Essere, fare un'ecatombe = essere, fare una strage.
Stamani all'Università c'è stata un'ecatombe. Povero me che domani avrò gli esami.

ECCE HOMO
Essere un «ecce homo» = essere in pessime condizioni.
Il tuo amico forse si droga? L'ho visto ieri ed era un «ecce homo».

ECLISSARSI
Eclissarsi = andarsene alla cheticella, senza farsi notare.
Quando ha visto che doveva pagare la sua parte, Mario si è eclissato.

EDIZIONE
Essere l'edizione riveduta e corretta = essere una persona simile, spesso peggiore a chi c'era prima di essa.
Abbiamo cambiato il nostro capufficio, ma adesso ce n'è un altro che è la sua edizione riveduta e corretta: insomma è sempre peggio!

ELEFANTE
Avere il tatto di (un) elefante = essere poco discreto, piuttosto pesante.
Comunicherai tu quella cattiva notizia a Paola? Fa' pure, ma cerca di non avere il tuo solito tatto di elefante.

Essere un elefante in un negozio di porcellane = essere ingombrante, non conoscere il valore di ciò che c'è in quel momento.
Nella stupenda galleria di quadri, Gianni era come un elefante in un negozio di porcellane: non capiva nulla di quella bellezza artistica.

70

Fare di una mosca un elefante = riferire, riportare qualcosa, un fatto con esagerazione.

Non fare di una mosca un elefante: lo sappiamo che non sei andato in Francia ma solamente in campagna dai nonni.

EMINENZA
Essere l'eminenza grigia di qualcuno = essere una persona assai influente, anche se non in modo palese.

Nella nostra banca dirige il direttore, ma in realtà l'eminenza grigia è suo figlio, che lo consiglia sempre.

ERBA
Essere in erba = essere giovane, all'inizio di carriera.

Quella ragazza è ancora in erba e tu devi valutare nel modo giusto le sue parole impulsive.

L'erba cattiva non muore mai = le canaglie vivono a lungo.

Quando ho saputo che quel delinquente era stato assolto dalla magistratura, ho capito che l'erba cattiva non muore mai.

Fare di ogni erba un fascio = asserire qualcosa, confrontare senza una giusta valutazione.

Non è giusto che loro dicano che tutti gli italiani sono pigri; non è vero e non si può fare di ogni erba un fascio.

Non essere erba del proprio orto = non essere cosa fatta da sé stessi.

Tu dici che l'equazione l'hai risolta da solo ma io non credo che sia erba del tuo orto. Sei sicuro che non ti abbia aiutato tuo padre?

ERODE
Mandare qualcuno da Erode a Pilato = mandare qualcuno da un ufficio all'altro, da un ente all'altro.

Tutta la mattina mi hanno mandato da Erode a Pilato per prendere un certificato che poi non era ancora pronto. Sono nervosissimo.

ERTA

Stare all'erta = stare bene attenti, vigilare.

Marco, sta' all'erta, perché quello è un arrivista e potrebbe metterti nei guai.

ESSERE

Ci siamo! = ecco.

Ci siamo! Il film sta cominciando.

EX AEQUO

Dividere, premiare «ex aequo» = dividere, premiare a pari merito.

Nella gara i due atleti sono arrivati nello stesso tempo e perciò saranno premiati «ex aequo».

F

FACCENDE
Essere in tutt'altre faccende affaccendato = essere occupato da altri interessi.

— *Mi sembri piuttosto distratta: non ti piace il film?* —
— *Non preoccuparti, sono in tutt'altre faccende affaccendata: sto pensando alla tesi di laurea.* —

FACCIA
Avere faccia tosta = essere impudente.

Hai avuto una bella faccia tosta a presentarti ancora davanti a lei dopo quello che avevi fatto.

Cambiare faccia = assumere atteggiamenti diversi.

Non mi piace Arturo perché cambia faccia a seconda delle persone con cui parla.

Salvare la faccia = uscire quasi indenne da una situazione scabrosa.

Ieri sera si è comportato con volgarità davanti a tutti ed oggi, per salvare la faccia, ha detto di avere bevuto un po' troppo.

Avere la faccia di bronzo = essere senza vergogna, rimanere impassibile.

Possibile che anche di fronte all'evidenza tu abbia la faccia di bronzo?

FACTOTUM
Essere il «factotum» = essere o sembrare d'essere una persona di rilievo in una ditta, una comunità.

In questa scuola il «factotum» è il segretario, non il direttore.

73

FAGIOLO
Capitare, venire a fagiolo = giungere nel momento propizio.

Marco era disperato perché era senza soldi: così il prestito di Tobia è venuto a fagiolo.

FAGOTTO
Fare fagotto = andarsene per paura del peggio.

Non ci sto, faccio fagotto e vi lascio da soli a risolvere il caos che avete provocato.

FANALINO
Essere il fanalino di coda = essere l'ultimo in una gara, in un concorso, in circostanze varie.

In quanto a bellezza, Mario è il fanalino di coda del gruppo. Però è molto simpatico.

FANGO
Rigirarsi, rivoltarsi nel fango = condurre una vita viziosa.

Non frequento quelle persone: mi sembra che si rivoltino nel fango.

FARE
Fargliela a ... = combinare qualcosa di spiacevole o scherzoso.

— Gliela hai fatta pagare a Mario! —
— È vero, ma non l'ho fatto apposta. —

Non farsene né di qua né di là = non lasciarsi turbare da qualcosa.

Aveva detto che ci avrebbe portato al cinema, poi ha cambiato idea, e noi non ce ne facciamo né di qua né di là.

FARINA
Non essere farina del proprio sacco = non essere lavoro proprio.

— Ma è stupenda questa poesia! —
— L'ho scritta io! —
— No, non credo che sia farina del tuo sacco. —

FASE

Essere in fase = rendere in modo soddisfacente.

Come ha cantato bene stasera quella cantante! Era proprio in fase.

Essere fuori fase = non essere nella forma migliore, deludere nel rendimento.

L'esame è andato male perché ero fuori fase.

FATTO

Dire il fatto suo a qualcuno = criticare, fare appropriate osservazioni a qualcuno.

Così è troppo! Gli dirò il fatto suo e lui dovrà giustificare le sue continue assenze dal lavoro.

FAUCI

Cadere nelle fauci di qualcuno = cadere in condizioni di dipendenza.

Da quando è rimasta orfana, Luisa è caduta nelle fauci degli zii.

FAVILLE

Far faville = riscuotere un successo inatteso.

Stanotte Clara ha fatto faville con quel vestito ed è stata corteggiatissima.

FAVOLA

Essere la favola di... = essere argomento di critica e di conversazione generale.

Il tuo amico Mario è la favola del paese da quando ha fatto quell'affare sbagliato.

Essere la morale della favola = essere il senso, il succo di un discorso, di una situazione.

La morale della favola è che lui ha preferito vivere senza compromessi, ed ha abbandonato la sua vita falsa e superficiale.

FAZZOLETTO

Farsi un nodo al fazzoletto = cercare di ricordarsi qualcosa.

Fatti un nodo al fazzoletto per non dimenticarti l'appuntamento con il cardiologo.

FEGATO

Avere del fegato = avere coraggio.

Hai del fegato ad attraversare il bosco di notte. Davvero non hai paura?

Rodersi il fegato = consumarsi nell'invidia o gelosia.

La società sportiva avversaria sta mietendo successi ed il nostro allenatore si rode il fegato.

FENICE

Essere come l'araba fenice = essere una persona o una cosa unica, irripetibile.

Oggi l'onestà è come l'araba fenice: conosci forse qualcuno che è ancora onesto?

FERITE

Leccarsi le ferite = cercare conforto ad una delusione o ad un insuccesso, consolarsi.

Nessuno gli ha dato ragione e così è andato a leccarsi le ferite a casa sua, da solo.

FERRO

Toccare ferro = augurarsi buona fortuna.

Per ora non ho mai avuto un incidente automobilistico. Tocco ferro.

Mettere qualcuno ai ferri corti = obbligarlo ad un determinato compito.

Se non studi ti metterò ai ferri corti e non ti lascerò più uscire dopo cena.

Battere il ferro mentre è caldo = approfittare dell'occasione favorevole.

Lucia ha capito che i genitori la manderanno a Roma e, battendo il ferro mentre era caldo, ha chiesto loro di poter visitare anche Firenze.

Essere ai ferri corti = essere allo scontro decisivo, essere in lite.

Sono ai ferri corti con i miei genitori e non so come uscire dalle difficoltà.

FESTA

Conciare uno per le feste = ridurre in malo modo.

Aspetta che ti prenda e ti concerà per le feste! Così imparerai a cogliere la frutta dagli alberi degli altri.

Fare la festa a qualcuno = toglierlo di mezzo, annientarlo.

Se avrà coraggio di comparirmi davanti gli farò la festa.

FIACCA

Battere la fiacca = sentire la stanchezza, comportarsi svogliatamente.

Dopo anni di lavoro il commendatore batte la fiacca e presto andrà in pensione.

FIAMMIFERO

Accendersi come un fiammifero, uno zolfanello = essere facile all'ira.

Dobbiamo misurare bene le parole nel parlare con tuo cugino, perché è un tipo che si accende come un fiammifero.

FIASCO

Fare fiasco = fallire, non raggiungere un buon compimento.

Peccato, la commedia ha fatto fiasco.

FIATO

Essere tutto fiato sprecato = essere tempo buttato via.

È tutto fiato sprecato insegnarti a cucire i vestiti se poi vai a farteli fare dalla sarta.

FICO

Non valere un fico secco = non avere nessuna importanza, nessun valore.

— *Ti ho rotto il vaso cinese!* —
— *Non vale un fico secco che me l'abbia detto, ormai è fatta.* —

Fare le nozze con i fichi secchi = dare prova di eccessiva parsimonia.

Quelle case nuove sono belle ma non solide; secondo me il costruttore ha fatto le nozze coi fichi secchi.

FIERI

Essere «in fieri» = essere in fase di sviluppo.

Susanna è ancora giovane ed inesperta ma credo che in lei ci sia «in fieri» il talento dell'indossatrice.

FIGLIOLO

Essere il figliol prodigo = ritornare sconfitto al luogo di partenza.

Giacomo è il figliol prodigo della famiglia Bruni; è tornato dalla Germania senza nemmeno lavoro.

FIGURA

Fare la figura di... = tenere un comportamento criticabile.

Ho fatto la figura dello sciocco a chiederle di uscire con me: è sposata.

FIGURATI

Figurati! = immaginati.

— *Grazie per avermi accompagnato a casa.* —
— *Figurati!*

FILA

Tenere le fila = essere padrone della situazione, controllando tutto.

È la segretaria del direttore che tiene le fila delle attività della ditta.

FILARE

Fare filare qualcuno = costringere qualcuno ad un determinato comportamento, comandarlo.

Lo faccio filare se ti offenderà ancora.

Filare con qualcuno = amoreggiare.

Lo sapevi che Carlo filava con Anna?

FILARSELA

Filarsela = andare via precipitosamente.

Quando ha visto che tu lo volevi incastrare con tutti quei discorsi sulla politica se l'è filata.

FILATO

Andare o (e) tornare di filato = andare o (e) tornare precipitosamente.

È andato e tornato di filato dal bar perché per le cinque aspettava una telefonata a casa.

FILIPPI

Rivedersi a Filippi = ritrovarsi in un giorno particolare, in un momento determinante per un'occasione.

Anche tu come me domani avrai il concorso all'università? Bene, ci rivedremo a Filippi.

FILIPPICA

Fare una filippica contro qualcuno = tenere un discorso fortemente in opposizione a qualcuno.

Durante il processo l'avvocato d'accusa ha fatto una filippica lunga un'ora contro l'imputato.

FILO

Essere, perdere, trovare il filo del discorso = essere, perdere, trovare il senso ad un discorso.

Cosa stavo dicendo? Accidenti, ho perso il filo del discorso.

Essere attaccato ad un filo = essere in condizioni precarie.

La sua vita è attaccata ad un filo ed i medici disperano di salvarlo.

Stare ritto coi fili = essere debole, con problemi di sopravvivenza.

Povero Luca, l'ho visto ieri che stava ritto coi fili, possibile che non ci sia una cura per guarirlo?

Dar del filo da torcere = ostacolare qualcuno.

Mario è un osso duro da convincere e ci darà del filo da torcere.

Dire, fare qualcosa per filo e per segno = dire, eseguire qualcosa nei minimi particolari.

Mentre il medico diceva al paziente per filo e per segno che cosa doveva fare, l'infermiera telefonava.

FIO

Pagare il fio = pagare la pena di una cattiva azione.

È sempre stato un disonesto ed ora pagherà il fio delle sue truffe: andrà in carcere.

FIOCCHI

Essere, fare qualcosa coi fiocchi = essere, fare qualcosa di eccellente.

Questo è un pranzo coi fiocchi! Dove hai imparato a cucinare così bene?

FISCHI

Capire, prendere fischi per fiaschi = interpretare qualcosa stupidamente al contrario.

Giulio si è comportato semplicemente con educazione, ma Lucia ha preso fischi per fiaschi ed ha creduto che le facesse la corte.

FOGLIA

Mangiare la foglia = intuire le intenzioni nascoste di qualcuno.

Maria era gentilissima con la collega, ma questa ha mangiato la foglia ed ha declinato l'invito.

FONDO
Dar fondo a = consumare interamente.

Ha dato fondo alla sua pazienza per non arrabbiarsi alle sue provocazioni.

Toccare il fondo di qualcosa = arrivare all'estremo, sperimentare totalmente qualcosa.

Poveretta, ha toccato il fondo dell'abiezione.

FORCHE
Passare sotto le forche caudine = essere sottoposto a forte umiliazione, atto di sottomissione.

È una donna pettegola ed invidiosa; sono sicura che prima o poi la gente del paese la farà passare sotto le forche caudine.

FORCHETTA
Essere una buona forchetta = essere amante della cucina.

Tuo fratello è una buona forchetta. Ieri sera a casa mia ha mangiato tutto, apprezzando la mia arte culinaria.

Parlare in punta di forchetta = parlare con affettazione, falsa eleganza.

Anche se il commendator Furielli parla in punta di forchetta si sente benissimo che è di bassa estrazione sociale.

FORMICAIO
Smuovere, stuzzicare un formicaio = provocare una situazione fastidiosa.

Non dire ciò che sai, altrimenti stuzzicheresti un formicaio.

FORSE
Stare in forse = essere indeciso.

È stata a lungo in forse poi ha telefonato per prenotare l'aereo.

FORTE

Farsi forte di... = fare affidamento su.

Non fatevi forti della sua protezione perché potreste trovarvi nei guai lo stesso.

FOSSA

Essere nella fossa dei leoni = essere in un ambiente, situazione difficile e pericolosa.

Per quella ragazza che veniva dalla provincia, il trovarsi improvvisamente a Roma, fu come essere nella fossa dei leoni.

Scavarsi la fossa = creare la situazione ottimale per la propria sconfitta, caduta.

Con quell'atteggiamento arrogante Gianni si è scavato la fossa con le sue mani; ora nessuno gli rivolge più la parola.

FOSSO

Saltare il fosso = prendere una decisione necessaria.

O saltiamo il fosso o dobbiamo accettare le loro condizioni.

FRANA

Essere una frana = essere una persona deludente.

Claudio è proprio una frana... Ieri tutti scherzavano e solo lui se ne stava da una parte, isolato.

FRASCA

Saltare di palo in frasca = cambiare all'improvviso argomento di conversazione.

Parlavo con lui di politica quando Paolo, saltando di palo in frasca, ha cominciato a discutere di musica.

FRATI

Stare con i frati a zappare l'orto = accettare, eseguire le decisioni d'altri.

— Tu che ne dici, andiamo al cinema o in discoteca? —
— Mah, io sto coi frati a zappare l'orto; fate voi. —

FREDDO
Non fare né caldo né freddo = non interessare, non coinvolgere.

Le tue insinuazioni su mio padre non mi fanno né caldo né freddo.

Sudare freddo = essere in tensione per una violenta impressione.

Quando ho visto mio marito ho cominciato a sudare freddo perché ero con Claudio, un mio corteggiatore.

FREGARSENE
Fregarsene di = mostrare una beffarda indifferenza.

Me ne frego delle sue parole; continuerò a uscire con chi mi pare.

FREGATURA
Dare, ricevere una fregatura = truffare, essere truffato.

Il negoziante mi ha dato una grossa fregatura perché il televisore si è guastato subito.

FREGO
Darci un frego = cancellare qualcosa.

Diamoci un frego e pensiamo al futuro.

FRENO
Mordere il freno = sopportare a fatica uno stato di dipendenza.

Se non ci sarà una riforma quei popoli che mordono il freno da lungo tempo faranno una rivolta.

FRESCO
Stare fresco = essere nei guai.

Come, non hai ancora pagato l'affitto? Stai fresco adesso.

Essere, mettere al fresco = essere, mettere qualcuno in carcere.

Ha mandato in rovina la fabbrica ed ora la polizia lo metterà al fresco.

FRIGGERE
Mandare qualcuno a farsi friggere = allontanarlo in malo modo.
Basta di dire sciocchezze, va' a farti friggere.

FRITTO
Essere fritto = trovarsi in una situazione spiacevole, senza conclusione.
Povero me, sono fritto, ho bruciato la tovaglia con la sigaretta, chissà come si arrabbierà mia madre.

FRITTATA
Rigirare la frittata = discolparsi con menzogne, presentare una situazione sotto un aspetto diverso da ciò che è in realtà.
Perché vuoi rigirare la frittata? Tanto è inutile perché abbiamo capito benissimo che tu non hai voluto aiutarci.

Fare una frittata = combinare un guaio.
Davvero hai detto a Maria che ero uscito con Carla? Sai, hai fatto una frittata.

FULMINE
Arrivare come un fulmine a ciel sereno = arrivare inaspettatamente.
La morte della zia è stata per noi come un fulmine a ciel sereno.

FUMARSELA
Fumarsela = mostrare indifferenza.
La mamma lo rimproverava e lui se la fumava.

FUMO
Molto fumo e poco arrosto = essere inconsistenti.
Quella famiglia è molto fumo e poco arrosto: infatti non sono così potenti come sembrano ed hanno anche molti debiti.

Vendere fumo = vantarsi di avere crediti.
Il commendatore Grossi vende fumo con tutti, ma non con me che conosco la sua reale situazione economica.

Andare in fumo = scomparire.

Peccato, i nostri progetti sono andati in fumo a causa del maltempo.

Essere come il fumo negli occhi = essere una persona assai fastidiosa.

Se ci sarà Carlo non verremo noi perché è come il fumo negli occhi: davvero insopportabile.

Dare fumo negli occhi = far credere ciò che non è vero.

— *Che splendida casa ha Giorgio!* —
— *Attento, vuol dare fumo negli occhi, ha molti debiti.* —

FUNGHI
Venire su come funghi = moltiplicarsi, nascere alla svelta.

Dal giorno che ti ho incontrato i problemi sono venuti su come funghi.

FUOCO
Far fuoco e fiamme = agire con accanimento.

Da parecchi giorni Claudia sta facendo fuoco e fiamme perché il marito le compri la pelliccia di visone.

Prendere, sputare fuoco = adirarsi.

Carlo ha sputato fuoco quando ha visto che non lo hai aspettato.

Scherzare col fuoco = scherzare con una situazione delicata, pericolosa.

Attento a non scherzare col fuoco! Corteggi Daniela per gioco ma potresti anche innamorartene.

Essere un fuoco di paglia = essere una cosa, un sentimento violento ma transitorio.

Ho capito, la tua forte attrazione per Milena quest'estate è stata un fuoco di paglia ed ora non vi rivedrete più.

Essere un fuoco fatuo = essere una passione di facile esaurimento.

Il suo amore per la filosofia è stato un fuoco fatuo. Infatti da tempo non frequenta le lezioni.

Trovarsi tra due fuochi = trovarsi tra due avversari, in mezzo a prospettive opposte.

— *Carlo è partito o no per Londra?* —
— *Si è trovato fra due fuochi e ha rimandato la partenza al mese prossimo.* —

Soffiare sul fuoco = aizzare.

Non soffiare sul fuoco per carità, sono già abbastanza arrabbiati con Lucia.

Buttarsi sul fuoco = dimostrare dedizione assoluta per qualcuno.

È una donna di bontà infinita e tutti noi ci getteremmo sul fuoco per lei se ce ne fosse bisogno.

Mettere a fuoco una questione, una cosa = cercare di analizzarne tutti gli aspetti principali.

Prima di prendere una decisione ti conviene metterne a fuoco i vantaggi e gli svantaggi.

FUORI

Far fuori qualcuno = uccidere qualcuno, escluderlo.

I banditi hanno fatto fuori il loro compagno che li aveva traditi.
In quell'affare, l'impresario ha fatto fuori il dottor Gianni, suo avversario.

FURIE

Andare, saltare su tutte le furie = arrabbiarsi fortemente.

Marta è saltata su tutte le furie quando il suo ragazzo le ha comunicato il cambiamento di programma per le vacanze.

G

GALLA

Rimanere a galla = salvarsi dalla rovina.

Carlo è rimasto a galla pur avendo sbagliato alcuni affari.

GALLO

Cantare da gallo = dimostrare la vittoria.

Se supererò il periodo di prova in questa agenzia, canterò da gallo con i colleghi invidiosi.

Essere il gallo della checca = incontrare il favore delle donne.

Mi fa rabbia Giorgio perché dovunque è sempre il gallo della checca.

Essere il gallo nel pollaio = essere l'unico uomo in un gruppo di donne.

— Sono tutte donne in questa stanza? —
—Sì, purtroppo sono io il gallo del pollaio. —

GAMBA

Darsela a gambe = fuggire rapidamente.

Il ladro se l'è data a gambe quando ha visto i poliziotti.

Andare, mandare a gambe all'aria = andare, mandare in rovina.

Sono arrabbiato con te perché hai mandato a gambe all'aria il castello di sabbia che avevo costruito.

Rimettersi in gamba = migliorare la propria situazione, sentirsi meglio.

Piano, piano Carlo si è rimesso in gamba ed ora la sua situazione va benissimo.

Essere in gamba = avere buone capacità.

È un professore in gamba e gli studenti lo seguono con attenzione.

Sgranchirsi le gambe = fare una breve passeggiata.

Dopo cinque ore di viaggio farò una sosta per sgranchirmi le gambe.

Mettere le gambe in braccio = correre a precipizio.

Mettiamoci le gambe in braccio, sta arrivando il contadino.

Prendere sotto gamba = non dare la giusta importanza.

Gli è andato male quel concorso perché l'ha preso troppo di sotto gamba.

GAMBERI
Fare come i gamberi = regredire.

Da quando prendi lezioni da quel professore stai facendo come i gamberi perché mi sembra che tu abbia dimenticato anche quel poco che sapevi.

GANASCE
Divorare a quattro ganasce = mangiare abbondantemente, con voracità.

Mia sorella apprezza la buona tavola e quando la invitano divora tutto a quattro ganasce.

GANGHERI
Uscire dai gangheri = perdere la pazienza.

Se parli ancora uscirò dai gangheri, va' via.

GAS
Andare a tutto gas = andare velocemente.

Ho visto Paola andare a tutto gas a comprare la frutta perché il negozio stava chiudendo.

GATTO
Essere un gatto sornione = nascondere l'astuzia sotto l'indifferenza.

Non mi fido di Paolo perché è un gatto sornione e può colpirmi alle spalle.

Fare la gatta morta = essere ipocrita.

Maria è una gatta morta e non la sopporto.

Gatta ci cova! = esserci qualcosa di nascosto, di poco chiaro.

Lucia e`Paolo sono sempre insieme. Gatta ci cova!

Comprare la gatta nel sacco = comprare qualcosa senza prima rifletterci.

— Ma queste uova sono marce! —
— Ti sta bene, imparerai a non comprare la gatta nel sacco. —

Prendersi una bella gatta da pelare = assumersi un impegno fastidioso.

Ci siamo presi una bella gatta da pelare, ma avevamo pensato che fosse un lavoro meno impegnativo.

Essere quattro gatti = essere in pochi.

Eravamo quattro gatti alla conferenza; d'altra parte il conferenziere era noioso.

GAVETTA

Fare la gavetta = ascendere progressivamente a qualcosa fin dal livello più basso.

Caro mio, prima fa' la gavetta e poi potrai dirigere questo reparto.

Venire dalla gavetta = progredire socialmente con le sole proprie forze.

— È un abile uomo d'affari! —
—Pensa che la sua famiglia era di umili condizioni e lui è venuto proprio dalla gavetta. —

GENERALI

Stare sulle generali = non entrare nei particolari.

Volevo sapere di più su quella gita ma Lucia è stata sulle generali. Chiederò a Fabio.

GENIO

Andare a genio = incontrare l'approvazione, essere piacevole per qualcuno.

— *Che ne pensi di questa tragedia?* —
— *Davvero interessante, mi va a genio.* —

GHIACCIO

Rompere il ghiaccio = vincere un atteggiamento distaccato.

C'erano molte persone che non si conoscevano e così, per rompere il ghiaccio, il padrone di casa ha cominciato a scherzare.

GHIRBA

Rimetterci, salvare la ghirba = morire, salvarsi.

Durante lo scontro fra i due eserciti per poco tutti i soldati non ci hanno rimesso la ghirba.

GIACOMO

Fare Giacomo Giacomo = tremare.

Dio mio che paura, le gambe mi fanno Giacomo Giacomo.

GINEPRAIO

Cacciarsi in un ginepraio = mettersi in una situazione complessa e di difficile conduzione.

Da quando ha cominciato a frequentare quella ragazza mio figlio si è cacciato in un ginepraio... Sono disperata.

GIOBBE

Avere la pazienza di Giobbe = essere molto paziente, comprensivo.

Se tu non avessi la pazienza di Giobbe non potresti vivere assieme alla tua amica.

GIOCO

Avere un buon gioco = avere una situazione favorevole, trovarsi in una buona posizione.

Il presidente dell'associazione ha ottenuto ciò che desiderava perché ha avuto un buon gioco con tutti.

Fare il gioco di qualcuno = agire nell'interesse di qualcuno.

Quegli operai non mi piacciono perché fanno il gioco del loro datore di lavoro.

Fare il doppio gioco = parteggiare contemporaneamente per due parti avverse.

Carlo è un opportunista perché fa il doppio gioco con me e con il mio avversario.

A che gioco si gioca? = quale è la situazione?

A che gioco si gioca? Prima ci invitate a casa vostra e poi ci dite di uscire.

Prendersi gioco di qualcuno = ingannare qualcuno.

Sta' attenta con lui! Dice tante bugie per conquistarti e poi si prende gioco di te.

GIOGO
Passare sotto il giogo = assoggettarsi all'umiliazione.

Quell'uomo è un tiranno che fa passare tutta la famiglia sotto il giogo.

Ribellarsi, sottomettersi al giogo = ribellarsi al dispotismo, vivere in condizioni di dipendenza.

Dopo anni di sofferenze Lucia è andata a vivere da sola, ribellandosi al giogo dei suoi genitori.

GIOIA
Darsi alla pazza gioia = fare una vita spensierata.

Ha consumato tutto il suo patrimonio nel tempo che si è data alla pazza gioia. Ora saranno dolori.

GIORNATA
Vivere alla giornata = vivere senza preoccuparsi del futuro.

È uno che ha sempre vissuto alla giornata, con espedienti e raggiri.

GIORNI
Dare gli otto giorni = scacciare perentoriamente una persona.

Era tanto che non ne potevo più di Grazia, così le ho dato gli otto giorni. Spero di non trovarmela più fra i piedi.

GIOSTRA
Fare la giostra = girare intorno.

Ho capito perché tua sorella mi fa sempre la giostra; vuole sapere notizie sul mio amico.

GIRANDOLA
Dar fuoco alla girandola = cominciare un'azione per un fine determinato, dare il via a qualcosa.

Per farsi notare quel giovanotto dette fuoco alla girandola e non smetteva più di parlare.

Essere una girandola = essere volubile.

Maria è incostante e cambia idea ogni momento: è proprio una girandola.

GIRO
Essere giù di giri = essere depresso.

Non essere giù di giri; dopotutto puoi farlo di nuovo l'esame.

Essere su di giri = trovarsi in uno stato di euforia.

Ha vinto il primo premio alla lotteria ed è su di giri.

Fare un giro d'orizzonte = esaminare la situazione in generale.

Dopo aver fatto un giro d'orizzonte, il dottor Rossi ha deciso di continuare a lavorare all'ospedale.

Prendere in giro = canzonare, deridere.

Non prendere in giro quel bambino. Non è colpa sua se i genitori non possono vestirlo meglio.

Dare, darsi un giro di vite = esercitare sugli altri o su se stessi un'azione di repressione, di disciplina.

Se sarà eletto quel senatore sono sicura che darà un giro di vite nel mondo degli affari.

GIUDIZIO
Mettere giudizio = maturare.

Benedetto ragazzo, quando ti deciderai a mettere un po' di giudizio?

GIURARE

Giurarla a qualcuno = proporsi di recare offesa o danno a qualcuno.

Gliel'ho giurata. Anche se dovessi rivederlo fra dieci anni gli farò pagare il male che mi ha fatto ora.

GIUSTO

Contentarsi del giusto e dell'onesto = contentarsi del possibile.

Generalmente quel cliente è di poche pretese e quando viene a mangiare nel nostro locale si contenta del giusto e dell'onesto.

GLORIA

Finire in gloria = terminare bene una cosa, con spensieratezza.

Dovevamo ritrovarci per studiare insieme ma dopo due ore abbiamo finito in gloria... Ti dico, è stata una splendida passeggiata.

GOCCIA

Essere come due gocce d'acqua = essere assai simili.

Quelle due nel carattere e anche nell'aspetto fisico sono come due gocce d'acqua. Eppure non sono gemelle.

Essere la goccia che fa traboccare il vaso = essere fattore determinante per far precipitare una situazione già compromessa.

Basta, non ne posso più di te: il tuo stupido comportamento alla festa di ieri è stato la goccia che ha fatto traboccare il vaso.

GOLA

Fare gola = fare desiderare.

Che splendido appartamento hai! Mi fa proprio gola.

GOMITO

Alzare il gomito = bere eccessivamente.

Che mal di testa, ho alzato troppo il gomito stanotte.

Dare, metterci olio di gomito = affaticarsi, lavorare.

Forza Teresa! Dacci più olio di gomito e il tavolo di noce diventerà lucidissimo.

Lavorare di gomito = avanzare con ogni mezzo, farsi largo in una folla.

Dai Luigi, lavora di gomito e così riusciremo ad uscire da questa folla.

GRADO

Essere, mettere qualcuno in grado di... = essere capace, mettere qualcuno nella capacità di...

— *Sei in grado di fare questo esercizio?* —
— *Certamente.* —

GRAMIGNA

Crescere come la gramigna = aumentare, essere dappertutto.

È un anno sfortunato: i problemi crescono come la gramigna ed io mi sento scoraggiato.

GRANA

Piantare una grana = creare intoppi, inconvenienti.

Volevo uscire con te ma la mia segretaria mi ha piantato un grana che non finiva più.

GRANCASSA

Battere la grancassa = impegnarsi in una propaganda.

Lo sappiamo tutti che batti la grancassa per quel partito.

GRANCHIO

Prendere un granchio = lasciarsi ingannare dalle apparenze.

Credevo che la tua amica fosse buona ed altruista. Ma ho preso un granchio! Non era così.

Essere nelle grazie di... = essere protetto, favorito da...

Ha buone prospettive di lavoro perché è nelle grazie di persone che possono favorirlo.

GRILLO
Indovinala grillo = Che sarà? Chissà?
— *Come sarà il tempo domani?* —
— *Indovinala grillo.* —

GRINZA
Non fare una grinza = essere perfetto.
Il tuo ragionamento non fa una grinza ma c'è differenza fra le parole ed i fatti.

GROPPONE
Piegare il groppone = lavorare molto, sottomettersi con rassegnazione.
Durante i periodi estivi bisogna piegare il groppone perché ci sono più clienti.

GUANCIALE
Dormire tra due guanciali = stare tranquillo, libero da tensioni e da preoccupazioni.
Dormi tra due guanciali perché il problema è stato risolto.

GUANTO
Stare come un guanto = stare alla perfezione.
Che vestito! Ti sta proprio come un guanto! Decisamente sei bella.

Trattare qualcuno coi guanti gialli = trattare qualcuno con ogni precauzione.
È una persona squisita ma così suscettibile che spesso, per non urtarla, dobbiamo trattarla coi guanti gialli.

Gettare il guanto = sfidare qualcuno, provocarlo.
Quei due non si sopportano: ieri Pietro gli ha gettato il guanto in faccia per un incontro alla sede del partito; chissà cosa succederà.

Raccogliere il guanto = accettare una sfida.
Non ti conviene raccogliere il guanto che ti ha lanciato quel collega perché non sei esperto come lui nel campo dell'elettronica.

GUARDIA

Essere della vecchia guardia = essere i membri più anziani nella formazione di un gruppo.

Caro mio, ormai siamo della vecchia guardia ed è bene lasciare più spazio ai giovani per farsi esperienza.

H

HIC
Volere qualcosa «hic et nunc» = volerla subito.
Quella ragazza è viziatissima e vuole tutto «hic et nunc».

I

ICARO
Fare il volo di Icaro = fare un'azione superiore alle proprie possibilità, capacità.

Preparare quell'esame in una settimana sarà come fare il volo di Icaro. Avresti dovuto deciderti prima, invece.

IMBAVAGLIARE
Imbavagliare qualcuno = privarlo della libertà di parola o espressione.

Enrico è ormai adulto, ma sua madre è così tiranna che lo imbavaglia.

IMBECCATA
Dare, prendere l'imbeccata da qualcuno = dare, prendere un suggerimento.

Mario, cerca di pensare col tuo cervello e non prendere l'imbeccata da tuo fratello.

IMPETTIRSI
Impettirsi = mostrarsi altezzoso.

Dopo tutti quegli elogi quel giovane si impettì e dette fastidio a tutti.

IMPIASTRO
Essere un impiastro = essere uggioso, noioso.

Che impiastro è Giovanni! Perché non lo salutiamo subito?

IMPICCARSI
Impiccarsi = acconsentire ad un vincolo gravoso.

Si è impiccato con una donna frivola e despota. Povero lui!

IMPICCATO
Parlare di corda in casa dell'impiccato = parlare inopportunamente con qualcuno.

Con lei hai parlato dell'importanza dell'istruzione. Hai parlato di corda in casa dell'impiccato perché Maria è così ignorante...

INAMIDATO
Essere inamidato = avere atteggiamenti scostanti.

È un uomo scostante ed altezzoso, insomma è così inamidato...

INCASSARE
Incassare una cosa = controllarsi di fronte ad ingiurie, a circostanze sfavorevoli.

Bruno sa incassare bene. D'altra parte per lui è importante salvare le apparenze.

INCHIODARE
Inchiodare qualcuno = fare debiti con qualcuno.

Sta inchiodando tutte le persone che conosce. Sta' attento.

INCUDINE
Essere tra l'incudine e il martello = trovarsi in situazione di imbarazzo.

Che posso fare? Lei è mia madre e lui mio marito: insomma sono tra l'incudine e il martello.

INDIANO
Fare l'indiano = far finta di non intendere, fingere indifferenza.

Gli parlavo di Marisa ma lui faceva l'indiano.

INDICE
Mettere all'indice = essere isolato, allontanare qualcuno per convenienza sociale.

L'hanno messo all'indice perché è un contestatore accanito.

INFAMIA

Vivere senza infamia e senza lode = vivere mediocremente.

— *Come state in quel paese?* —
— *Mah, praticamente viviamo senza infamia e senza lode.* —

Bollare qualcuno con il marchio dell'infamia = condannare qualcuno pubblicamente.

È un ragazzo difficile e con problemi psicologici: la gente del suo paese non ha avuto comprensione e l'ha bollato con il marchio dell'infamia.

INFERNO

Andare, mandare qualcuno all'inferno = inveire contro qualcuno.

Ma va' all'inferno! Ne ho abbastanza delle tue prepotenze.

INFIOCCHETTARE

Infiocchettare una cosa = presentarla nell'aspetto migliore.

Antonella ha infiocchettato così bene il suo discorso che tutti ne sono rimasti convinti.

INGLESE

Andarsene all'inglese = evitare di compromettersi.

È un tipo che ha l'abitudine di andarsene all'inglese. Preferisco persone più chiare.

IPPICA

Darsi all'ippica = rinunciare a qualcosa per incapacità.

È un musicista da strapazzo e farebbe meglio a darsi all'ippica invece di continuare a suonare.

L

LÀ

Essere più di là che di qua = essere vicino alla morte.

Dopo quell'intervento chirurgico il paziente stette più di là che di qua.

LACCIO

Mettere il laccio al collo = costringere qualcuno a fare ciò che si vuole.

Mi ha chiesto un favore e non ho potuto dirgli di no. Insomma, mi ha messo il laccio al collo.

Cadere nel laccio = rimanere vittima.

Claudio è caduto nel laccio di Virginia. Adesso è innamoratissimo di lei.

LACRIME

Piangere lacrime di coccodrillo = pentirsi vanamente, mostrando il fine nascosto.

Puoi piangere tutte le lacrime di coccodrillo che vuoi: me ne vado, ho rotto con te. Dovevi pensarci prima.

LADRO

Essere come i ladri di Pisa = essere complici pur non andando d'accordo.

Quei due sono come i ladri di Pisa: stanno insieme tutto il giorno, ma quanto litigano!

Essere un ladro in guanti gialli = essere un ladro dall'apparenza onesta.

Quell'industriale è un ladro in guanti gialli perché ha saputo derubare lo Stato senza farsene accorgere.

Intendersi come i ladri in fiera = intendersi per qualcosa di poco onesto, di cattivo.

Quei due si intendono come i ladri in fiera: pensa che si vedono insieme solo per affari poco leciti, poi ognuno va per conto proprio.

LAMIERA
Avere la faccia foderata di lamiera = essere spudorato.

Gli ha gridato davanti a tutti la verità, ma lui ha avuto la faccia foderata di lamiera al punto tale da negare l'evidenza di ciò.

LAMPO
Avere un lampo di genio = avere un'idea brillante, decisiva.

Non è una persona che ha spesso lampi di genio, però è abbastanza abile nel suo lavoro.

LANA
Essere una buona lana = essere un soggetto criticabile, un cattivo elemento.

Quel ragazzo è una buona lana. Sta' lontano da lui.

Fare questioni di lana caprina = parlare di cose sciocche, insulse.

Che stupidine quelle ragazze... Fanno sempre questioni di lana caprina. Sarebbe meglio pensassero a cose più serie.

LANCIA
Spezzare una lancia a (in) favore di... = prendere le difese di qualcuno o qualcosa.

Il direttore voleva licenziare il dipendente ma la sua segretaria ha spezzato una lancia in favore di quel poveretto.

Partire con la lancia in resta = aggredire, diventare aggressivi.

Di fronte alle provocazioni di Giorgio, Paolo è partito con la lancia in resta e gli ha risposto male.

LANTERNA
Cercare con la lanterna = usare cura scrupolosa in qualcosa, essere meticoloso e pedante.

Non cercare con la lanterna ogni minima cosa perché potresti mettere in imbarazzo qualcuno.

LARGA
Prenderla alla larga = girare intorno ad un argomento, ritardarne l'attuazione.

Per chiedere questo favore all'architetto Baldi ti conviene prenderla alla larga altrimenti ti risponderà di no.

LASTRICO
Essere, ridursi sul lastrico = andare, essere in rovina.

Quell'imprenditore ha fallito nei suoi affari: adesso è sul lastrico.

Gettare qualcuno sul lastrico = rovinare qualcuno.

Il concorrente sleale ha gettato sul lastrico il dottor Rossi.

LATTE
Far venire il latte alle ginocchia = annoiare molto qualcuno.

Scusa la franchezza, ma Luisa è proprio un tipo che fa venire il latte alle ginocchia. Ma non potevi trovarti un'amica migliore?

Essere latte e miele con qualcuno = stare d'amore e d'accordo con qualcuno, vivere in armonia.

Sonia è tutta latte e miele con Caterina. Vedrai come cambierà la situazione quando si conosceranno meglio.

Piangere sul latte versato = recriminare.

Adesso è tardi per piangere sul latte versato. Dovevi pensarci prima a non fargli del male.

LAVATA
Dare, fare una lavata di capo, di testa = rimproverare in tono risentito.

Il presidente della società ha dato una lavata di capo a tutti gli impiegati.

LAVATIVO

Essere un lavativo = essere una persona pigra, che cerca di risparmiarsi.

Nel nostro ufficio ci sono molti lavativi. Dovrebbero essere licenziati.

LEGA

Essere di bassa lega = essere di bassa estrazione sociale (bassa anche moralmente).

Non portare quella donna a casa mia, è volgare e di bassa lega.

LEGGE

Dettar legge = comandare, voler imporre la propria autorità.

Senti, smettila di dettar legge con me! Chi ti dà questo diritto? Non sono nemmeno tua moglie.

LENTICCHIE

Vendere qualcosa per un piatto di lenticchie = vendere una cosa di valore ad un prezzo bassissimo.

Carlo era nei debiti ed ha venduto quel favoloso orologio per un piatto di lenticchie.

LEONE

Fare la parte del leone = prendersi la parte migliore di una cosa.

Tuo fratello è proprio un golosone egoista: a tavola si è fatto la parte del leone e non mi ha lasciato nemmeno una patatina.

Avere un coraggio da leone = essere assai coraggioso, spavaldo.

Mio fratello nello sport ha un coraggio da leone e compie le imprese più pazze ed audaci.

LEPRE

Invitare la lepre a correre = creare una situazione ottimale, desiderata.

— Vieni a pranzo con me, ci sarà un meraviglioso dolce. —
— Accetto, hai invitato la lepre a correre. —

LETTERA

Essere, restare lettera morta per qualcuno = non significare, non valere più nulla per qualcuno.

Dopo quella terribile lite, Maria è ormai lettera morta per Giulio.

LEZIONE

Dare una lezione a qualcuno = dare una punizione, fare un avvertimento.

Se il professore non gli darà una lezione, quello studente arriverà sempre in ritardo.

LIBRO

Essere sul libro nero = essere malvisto, in pessima reputazione.

Non prendiamo troppa confidenza con Teo perché è sul libro nero della polizia.

Essere un libro aperto = essere ben conosciuto.

Conosco Paolo da così tanto tempo che per me è come un libro aperto.

LINGUA

Mordersi la lingua = tentare di tacere o pentirsi di avere detto qualcosa.

Non sapevo che questa notizia doveva rimanere segreta. Mi morderei la lingua per aver parlato.

Avere una cosa sulla punta della lingua = stare per ricordare.

Il nome di quel tappezziere?... Ce l'ho sulla punta della lingua, aspetta, fammi ricordare.

Mettere lingua in... = intromettersi.

— *Chi di noi ha ragione secondo te?* —
— *Preferisco non mettere lingua.* —

Avere la lingua lunga = essere sempre pronto alla discussione, essere chiaccherone e pettegolo.

Hai una lingua così lunga che non si può stare a discutere con te, perché credi sempre di sapere tutto su tutti.

LISCA

Non c'è né lisca né osso = essere tutto chiaro.

Ormai la questione è definita, non c'è né lisca né osso.

Avere la lisca = avere difetti di pronuncia.

Giulio ha la lisca, peccato.

LISCIO

Andare, filare liscio come l'olio = proseguire bene, essere in uno stato tranquillo.

Se tutto filerà liscio come l'olio, partiremo per Londra.

LIZZA

Entrare, essere in lizza = entrare, trovarsi in una gara, competizione.

Fra tutte le concorrenti che erano in lizza fu prescelta come miss universo una brasiliana.

LONTANA

Essere parenti alla lontana = non essere parenti stretti.

Giulio mi è parente alla lontana. Infatti i nostri genitori sono fra loro cugini di secondo grado.

LONTANO

Andare lontano = essere avviato al successo.

Giorgio con la sua intraprendenza e competenza andrà molto lontano.

LUCCIOLE

Prendere lucciole per lanterne = credere una cosa invece di un'altra.

Ma che gli è preso? Deve aver preso lucciole per lanterne e si è comportato come se io l'avessi offeso.

LUMACA
Camminare come una lumaca = camminare lentamente.
Muoviti per favore, invece di camminare come una lumaca! Di questo passo perderemo il treno!

LUME
Fare le cose a lume di naso = fare, valutare senza elementi reali.
Giudicando così, a lume di naso, penso che potremmo anche andare a Napoli. Tutto sta nel vedere se poi avremo il tempo a maggio per farlo.

Perdere il lume dagli occhi = infuriarsi.
La cliente ha perso il lume dagli occhi quando ha visto il suo vestito rovinato.

LUMICINO
Ridursi al lumicino = essere deperito.
Santo cielo, sei ridotto al lumicino. Curati.

LUNA
Vivere nel mondo della luna = essere fuori dalla realtà, non capire le cose abituali, di vita quotidiana.
Ma che vivi nel mondo della luna? Non sai che oggi i prezzi sono così alti?

Abbaiare alla luna = agire inutilmente.
Abbaia, abbaia alla luna, tanto non ti diranno niente.

Avere la luna storta = essere irascibile.
Oggi il professore aveva la luna storta, non gli andava mai bene niente.

Cercare, volere la luna nel pozzo = desiderare l'impossibile.
— *Ci regali quel proiettore?* —
— *E i soldi chi ce li ha? Volete proprio la luna nel pozzo.* —

Con questi chiari di luna... = in tempi così difficili (anche economicamente).
Dove pensi di poter comprare un vestito a un prezzo così basso, con questi chiari di luna...!

Fare, trascorrere la luna di miele = fare il viaggio di nozze, vivere il primo periodo di matrimonio.

Quei due sono in luna di miele, non vedi quante tenerezze si scambiano?

LUNARIO

Sbarcare il lunario = vivere a stento, con problemi economici.

— *Cosa fai per sbarcare il lunario?* —
— *Poco, perché non ho ancora un lavoro fisso.* —

LUNGHE

Andare, mandare una cosa per le lunghe = ritardare la realizzazione di una cosa.

Mi sembra che i tuoi studi vadano per le lunghe. Affrettati, che non voglio più mantenerti all'università.

LUPO

In bocca al lupo! = buona fortuna!

— *Domani abbiamo gli esami.* —
— *In bocca al lupo!* —

Essere un posto, un tempo da lupi = essere un luogo, un tempo bruttissimi.

Che giornata ieri, era un tempo da lupi e non siamo potuti uscire nemmeno un po'.

Essere entrato nella tana del lupo = trovarsi davanti ad una persona poco raccomandabile, una situazione da affrontare.

Lucio è entrato nella tana del lupo e adesso non so come farà a liberarsi da quella ragazza invadente e superficiale.

LUPUS IN FABULA

Essere «lupus in fabula» = essere la persona di cui si sta parlando in quel momento.

Sai che Mario... ah, eccolo, «lupus in fabula»!

LUSCO

Essere tra il lusco e il brusco = essere in un'ora incerta tra il giorno
e la notte, tenere un atteggiamento fra il benevolo e l'arcigno.

— *Che ore sono?* —
— *Siamo fra il lusco e il brusco, saranno le cinque, più o meno.* —
*Non credo di piacere a tuo padre perché con me è sempre tra il lusco e il
brusco.*

M

MACCHIA
Darsi alla macchia = rendersi irreperibile.

Il bandito si è dato alla macchia per sfuggire alla legge.

MADONNINA
Essere una madonnina infilzata = sembrare una donna onesta ma non esserlo nella realtà.

Lucia sembra una madonnina infilzata, invece tu l'avessi vista cosa faceva con quel ragazzo nella sala da ballo....

MAGGIORE
Andare per la maggiore = essere di moda.

Questo tipo di abbigliamento è quello che va per la maggiore in Francia.

MALACCIO
Non c'è malaccio = va così e così, non c'è male.

— *Come ti senti oggi?* —
— *Non c'è malaccio, grazie.* —

MALE
Aversela a male = impermalirsi, sentirsi offesi.

Nessuno di noi l'ha invitata alla festa e lei se n'è avuta a male.

Non essere capace di far del male ad una mosca = essere di indole mite, pacifica.

Si sta bene con quella coppia perché sono due persone che non sarebbero capaci di far del male ad una mosca.

MALORA
Andare, mandare alla (in) malora = rovinarsi, liquidare in malo modo.

Ma va' alla malora, disgraziato, mi hai fatto rovinare con un investimento finanziario sbagliato.

MANDRILLO
Essere un mandrillo = essere un uomo libidinoso.

Non mi piace il tuo capoufficio. Ha l'aria del mandrillo, sta' attenta.

MANGIARE
O mangiare questa minestra o saltare dalla finestra = accettare l'inevitabile.

Deciditi, o mangi questa minestra o salti dalla finestra.

MANICA
Essere di manica larga (o stretta) = essere indulgente (o severo).

Il professore è stato di manica larga con quell'allievo. Non si meritava un voto così alto.

Questo è un altro paio di maniche = è una cosa diversa.

Se mi dici che il fatto non si è verificato come mi hanno raccontato, allora questo è un altro paio di maniche.

Essere nella manica di qualcuno = essere persona prediletta, cara a qualcuno.

Se entrerai nella manica di Teo, vedrai che ti aiuterà a far carriera nel partito.

Rimboccarsi le maniche = accingersi ad un lavoro, adattarsi ad una cosa non gradita.

C'è da riparare anche il televisore? Beh, rimbocchiamoci le maniche.

MANNA
Aspettare la manna dal cielo = aspettare dagli altri o dal caso che una situazione migliori.

Invece di aspettare la manna dal cielo, tuo cugino potrebbe cominciare a correggere quei compiti.

MANO

Avere a portata di mano = avere vicino.

— Ce l'hai a portata di mano un dizionario? —
— Sì, eccolo! —

Tornare a mani vuote = tornare senza risultato, senza niente, sconfitto.

Era partito per l'America in cerca di fortuna ed è tornato a mani vuote.

Chiedere la mano di una ragazza = chiedere ai genitori il consenso al fidanzamento della figlia.

Stasera andrò dal padre di Franca a chiedergli la sua mano.

Avere le mani fatate = riuscire a far bene qualcosa e con facilità.

Quella figurinista deve avere le mani fatate per fare dei figurini così deliziosi.

Mettere la mano sul fuoco = garantire, essere sicurissimo di qualcuno o qualcosa.

Ci metto la mano sul fuoco che ci riporteranno i libri che abbiamo prestato loro.

Lavarsene le mani = rifiutare ogni responsabilità.

Gli avevo chiesto di aiutarmi, ma se n'è lavato le mani.

Mangiarsi le mani = arrabbiarsi, manifestare la propria collera.

Se penso che avrei potuto vincere quel concorso se avessi studiato di più, mi mangerei le mani.

Essere alla mano = essere cordiale, affabile.

La contessa Tolomei è molto alla mano ed affabile con tutti.

Venire alle mani = picchiarsi.

Dopo parole ed insulti i due monelli vennero addirittura alle mani.

Avere la mano lunga = essere manesco, ladro.

Attento a lui! Ha la mano lunga e potrebbe sparire qualcosa dalla tua casa.

Avere le mani bucate = scialacquare, spendere con eccessiva facilità.

— *Gianni, hai le mani bucate!* —
— *Lo so, ma mi piace godermi la vita.* —

Allungare le mani = cercare di prendere, di toccare, mettere le mani addosso.

— *Perché hai cambiato posto di lavoro?* —
— *Perché il direttore allungava le mani.* —

Mettersi una mano sulla coscienza = fare una riflessione, meditare con disponibilità.

Mettiti una mano sulla coscienza e sii comprensiva con lui.

Stare con le mani in grembo, in mano = stare inattivo, non avere iniziativa.

Invece di stare con le mani in mano perché non ci aiuti a pelare le patate?

Prendere la mano = prendere il sopravvento.

La passione del gioco gli ha preso la mano ed il giocatore ha perso una fortuna.

Avere le mani in pasta = partecipare direttamente a...

È un uomo potente e ricco che ha le mani in pasta in tutte le attività del settore.

Mettere le mani avanti = cautelarsi.

Tu credi che io voglia comprarti quella borsa; purtroppo metto le mani avanti dicendoti che non ho i soldi.

Far man bassa = rubare.

Hanno svaligiato il negozio di fronte facendo man bassa dei capi di pregio.

Dare l'ultima mano = terminare.

— *Cosa sta facendo l'imbianchino?* —
— *Dà l'ultima mano alla cucina.* —

MARATONA

Fare una maratona = affaticarsi, correre.

Ho fatto una maratona per raggiungere mio marito prima che lasciasse l'ufficio.

MARCIA

Far marcia indietro = retrocedere, riprendere da capo.

L'altra sera alla festa Filippo mi ha promesso un mucchio di cose ma stamani ha fatto marcia indietro.

MARE

Buttare, gettare qualcuno o qualcosa a mare = liberarsene, sacrificarlo per altro più importante.

Di fronte all'alternativa di partire per l'Olanda o accettare un lavoro sicuro qui, ho buttato a mare l'Olanda.

Essere un «mare magnum» = essere una vasta estensione di cose.

Che magazzino fornito! Con tutte queste cose è proprio un «mare magnum».

Fare, promettere mari e monti = fare tutto il possibile, promettere moltissimo.

Farei mare e monti pur di abitare in quell'appartamento sul mare.

MARINAIO

Fare promesse di marinaio = promettere cose che non saranno mantenute.

Non fidatevi di quell'uomo. Fa promesse di marinaio e poi non sarà puntuale come convenuto.

MASCHERINA

Ti conosco mascherina! = scoprire gli intendimenti di qualcuno.

Ho capito perché tu mi dici di non avere il telefono: non è quella, la tua casa. Ti conosco, mascherina!

MASTICARE
Masticare amaro = nascondere dietro un atteggiamento diverso, tranquillo, una insoddisfazione per ciò che si fa.

Per non abbandonare tutto ha dovuto masticare amaro. Così ha vissuto per anni.

MATTI
Andare matto per... = apprezzare molto.

Io vado matto per la cioccolata.

MATUSA
Essere un matusa = essere, comportarsi da vecchio, senza elasticità mentale.

Cristina, per favore, non portarti dietro i tuoi genitori alla gara automobilistica. Sono dei tali matusa...

MEA CULPA
Dire, fare «mea culpa» = pentirsi, riconoscere i propri sbagli.

Ormai, anche se faremo «mea culpa», Gino non potrà dimenticare la nostra offesa.

MECENATE
Essere, fare il mecenate = essere liberale, generoso anche negli aiuti finanziari agli altri.

La contessa Bindi è stata davvero il mecenate di quei giovani artisti.

MELE
Dar le mele a uno = picchiarlo forte.

Ehi, dico a te! Se non scendi subito da quell'albero te le do io le mele.

MEMORIA
Avere una memoria di ferro, d'elefante = possedere un'ottima memoria.

Beato te che hai una memoria di ferro. Io invece dimentico tutto facilmente.

MENADITO

Sapere una cosa a menadito = sapere una cosa completamente, perfettamente.

Quell'uomo è un erudito che sa la Divina Commedia a menadito.

MENO

Venire meno a... = sottrarsi ad un impegno.

Dovrò venire meno alla parola datale perché è sopraggiunto un impegno improvviso.

MENTE

Fare mente locale = cercare di comprendere a fondo un problema.

Vuoi comprare quell'automobile? Facci mente locale e capirai che non sarebbe un buon affare perché consuma troppo.

MERAVIGLIA

Essere l'ottava meraviglia del mondo = essere, (spesso ironicamente), una delle cose più belle che esistano.

Non essere vanitosa. È vero che questa nuova pettinatura ti dona, ma non sei l'ottava meraviglia del mondo. Perciò sii più modesta.

Essere le sette meraviglie del mondo = essere, inaspettatamente, cose degne di ammirazione.

Che splendore, queste orchidee con i loro colori sono le sette meraviglie del mondo.

MERCATO

Fare il mercato nero = esercitare il contrabbando.

Ho comprato queste sigarette da uno che faceva il mercato nero.

Cavarsela a buon mercato = uscire da una situazione senza troppi danni.

Nell'incidente automobilistico il guidatore se l'è cavata a buon mercato. Solo qualche graffio e tanta paura.

MERLO
Canta merlo! = e chi ci crede?

Ha detto che presto diventerà ricco. Canta merlo!...

MESSA
Servir la messa a qualcuno = influenzare intenzionalmente qualcuno.

Paolo ha cambiato atteggiamento verso di me. Che qualcuno gli abbia servito la messa?

MEZZO
Levare di mezzo qualcuno = allontanare, uccidere qualcuno.

Il commissario era diventato scomodo per la mafia e così l'hanno tolto di mezzo.

MIGNATTA
Essere una mignatta = essere un seccatore, anche un approfittatore.

Giuseppe è una mignatta con quella poveretta di sua zia. Le spende continuamente i soldi.

MIRA
Pigliare di mira qualcuno = centrare l'attenzione su...

Povera Caterina, siccome è permalosa e debole, l'hanno presa di mira e le combinano scherzi in gran quantità.

MISURA
Colmare la misura = giungere ad un eccesso intollerabile.

Hai colmato la misura e non c'è più possibilità di dialogo fra di noi.

MOCCOLO
Reggere il moccolo = assistere a, favorire una relazione amorosa.

— *Stasera esco con Giulio e Paola.* —
— *Lascia perdere, perché vuoi reggere il moccolo? Vieni da noi invece.* —

Tirare moccoli = bestemmiare, imprecare.

Carlo, per favore, non tirare moccoli contro la scuola. Che ti piaccia o no dovrai andarci.

MODUS VIVENDI

Avere, cercare un «modus vivendi» = possedere, ricercare un proprio equilibrato sistema di vita.

Paolo ha un suo proprio «modus vivendi» che nessuno può cambiare. È certamente un uomo originale e va compreso per ciò che è.

MOLLE

Essere una persona da prendere con le molle, le pinze = essere una persona da trattare con riguardo ed attenzione.

Attento a ciò che fai; ricordati che l'architetto è un tipo da prendersi con le molle. Ti conviene usare la diplomazia.

MONDO

Da che mondo è mondo = da sempre.

— Da che mondo è mondo hanno sempre comandato gli uomini.— Così risposero alla femminista.

Godersela un mondo = divertirsi.

Siamo stati al circo e ce la siamo goduta un mondo.

Prendere il mondo come viene = accettare serenamente la vita, lo svolgere delle cose, adattarsi.

È bellissimo il modo di pensare di Greta che non si arrabbia mai e prende il mondo come viene.

Andare all'altro mondo = morire.

Quell'epidemia ha mandato molte persone all'altro mondo.

MONETA

Battere moneta falsa per qualcuno = fare di tutto per...

Per aiutarlo batterei per lui moneta falsa.

Ripagare qualcuno della stessa moneta = ricambiare l'offesa.

L'ha trattato male e lui, colpendolo con quelle parole davanti a tutti, l'ha ripagato della stessa moneta.

MONTAGNA
Fare come la montagna che partorì il topo = fare grandi progetti, promesse da cui escono piccole cose.

Senti, non promettermi che andremo in vacanza nelle Antille, altrimenti quando avrai fatto tutti i conti ti comporterai come la montagna che partorì il topo e rimarremo in Italia.

MONTE
Andare, mandare a monte = andare a vuoto, fare un'improvvisa interruzione, annullare un affare, una cosa.

Dobbiamo mandare a monte il nostro progetto; non posso lasciare Roma in questo momento.

MORIRE
Morire, far morire dal ridere = ridere, far ridere moltissimo, senza freno.

Basta, non ne posso più, le tue barzellette mi fanno morire dal ridere.

MORTE
Fare una cosa ogni morte di papa = fare una cosa raramente, in casi eccezionali.

Clara pulisce i vetri ogni morte di papa e perciò sono sempre sporchi....

MORTO
Giocare con il morto = Agire in una circostanza pur mancando una persona o cosa necessaria.

Sarebbe stato meglio se avessimo avuto a disposizione un'altra macchina, ma partiremo lo stesso. Vorrà dire che giocheremo con il morto.

Essere un morto di fame = essere un disgraziato, un emarginato.

Luca non ha proprio niente, né lavoro né amici, è proprio un morto di fame.

Essere una cosa o persona morta e sepolta = essere una persona o cosa definitivamente chiusa, finita.

Non parliamo più di quell'episodio increscioso; tanto per me è morto e sepolto.

Uccidere un uomo morto = compiere un'azione negativa senza risultato, scontata.

Sei stato inutilmente cattivo con me ed hai ucciso un uomo morto perché già sapevo che Maria aveva intenzione di abbandonarmi.

Essere più morto che vivo = essere fortemente impaurito.

Che spavento ho avuto nell'incidente automobilistico. Non mi sono fatto male ma sono più morto che vivo.

Risuscitare i morti = sollevare, tirare su.

Buono questo liquore, farebbe risuscitare i morti.

MOSCA

Saltare la mosca al naso = perdere la calma.

Misuriamo bene le parole perché se al professore gli salta la mosca al naso ci butta fuori dall'aula.

Essere una mosca bianca = distinguersi positivamente.

In mezzo a quei cialtroni che urlavano la ragazza era proprio una mosca bianca.

Non sentir volare una mosca = fare silenzio.

Quando quell'oratore parlava era così interessante che non si sentiva volare una mosca.

MULINI

Lottare, prendersela con i mulini a vento = lottare contro nemici inesistenti, situazioni, persone più potenti.

Se ti metterai contro quell'impresario edile così affermato, sarà come lottare con i mulini a vento.

MUSICA

Essere sempre la stessa musica = essere sempre la stessa situazione.

Che noia venire qui per il fine settimana! Ormai non c'è più niente di nuovo ed è sempre la stessa musica.

Cambiano i suonatori, ma la musica è sempre la stessa = cambia un gruppo, un organo, ma la situazione è sempre la stessa.

— In Italia ora, con un governo diverso state meglio, non è vero? —
— Non direi, cambiano i suonatori ma la musica è sempre la stessa. —

Essere musica per le proprie, le altrui orecchie = dire, sentire cose che si desidera sentire.

— Allora è confermato, i tuoi genitori ti permettono di venire in Scozia con noi. —
— Questa sì, che è musica per le mie orecchie! —

N

NASO

Ficcare il naso = intromettersi.

La donna di servizio ficca sempre il naso negli affari del padrone.

Avere naso = avere intuito.

Bel colpo! Hai avuto naso nell'acquistare quell'appartamento.

Fargliela sotto il naso = combinarla grossa, fare guai.

Te l'ho fatta sotto il naso e tu non te ne sei accorto, peggio per te.

Mettere fuori la punta del naso = uscire appena.

Che freddo! Appena messa fuori la punta del naso sono rientrata subito in casa.

Non andare, non vedere, al di là del proprio naso = essere limitato nelle capacità intuitive, avere poca esperienza.

Antonio non è abituato a vedere al di là del proprio naso, perché è sempre vissuto solamente in questo ambiente.

Prendere per il naso = ingannare, raggirare.

Ti ha preso per il naso: ti ha dato un appuntamento e poi non è venuta.

Restare con un palmo di naso = restare ingannato, deluso.

Mi dispiace per tuo zio, che quando ha visto partire tutti ci è rimasto con un palmo di naso. Gli avevano promesso di rimanere fino a tardi.

Non rammentarsi, non ricordarsi dal naso alla bocca = dimenticare le cose con facilità.

Ti conviene ricordare al professore il suo appuntamento con te per mercoledì perché è un tipo che non si ricorda dal naso alla bocca.

NEMICO
Essere il nemico pubblico numero 1 = essere il delinquente più pericoloso.

Quel mafioso è il nemico pubblico numero 1 del gruppo. Il commissario nelle sue indagini deve essere cauto.

NERO
Vedere nero = essere pessimista.

Con il problema della disoccupazione in Italia vedo nero per il mio futuro.

Mettere nero su bianco = scrivere chiaramente.

Il padrone di casa ha detto all'inquilino di mettere nero su bianco che avrebbe lasciato libera la casa dopo quattro anni.

NESPOLE
Dare nespole = dare colpi secchi.

Giovanni quando discute dà nespole a tutti, a destra e a sinistra. Ha un caratteraccio.

NIENTE
Darsi al dolce far niente = oziare, rilassarsi.

Beata te che sei in vacanza al mare e puoi darti al dolce far niente! Io invece fino ad agosto lavorerò qui, in città.

NOCCIOLO
Trovare il nocciolo della questione = focalizzare, individuare il punto principale, determinante di una questione.

Carlo, allora non hai capito quale è il nocciolo della questione. Io non vado in Cina non perché non mi piaccia, ma perché non ho i soldi. Capito?

NODO
Avere un nodo alla gola = essere commosso.

La madre, vedendo il figlio partire per il servizio militare, aveva un nodo alla gola.

NOME

Farsi un nome = diventare noto.

Andando di questo passo quella scrittrice si farà un nome.

NON PLUS ULTRA

Essere il «non plus ultra» = essere il limite massimo da non superare.

Se lei vuole fare una vacanza distensiva e rilassante la montagna è il «non plus ultra», mi creda.

NOTTE

Perdersi nella notte dei tempi = rimanere oscuro nel passato, nel tempo.

I ricordi di quegli episodi della mia infanzia si perdono nella notte dei tempi e non posso dirti altro.

Correrci quanto il giorno e la notte = esserci una differenza incolmabile tra due termini di confronto.

Tra Maria e Tina ci corre quanto il giorno e la notte perché Maria è dolce ed affettuosa, Tina al contrario è aspra e volitiva.

Esser peggio che andar di notte = andare da un male all'altro, essere in una situazione di continuo deterioramento.

Santo cielo, è peggio che andar di notte: se prima l'orario della biblioteca era ridotto, adesso è quasi impossibile andarci perché è quasi sempre chiusa.

Fare di notte giorno = trascorrere la notte senza dormire.

Che bambino terribile! Sta tutta la notte sveglio e poi il giorno ha sonno. Insomma, ha fatto di notte giorno.

NOZZE

Invitare uno a nozze = invitare, sollecitare qualcuno a fare cose di cui già ha voglia.

Se voglio venire con voi al concerto stasera? Ma certo, mi invitate a nozze. Era da tanto tempo che volevo ascoltare un concerto di chitarra classica.

NUMERO

Far numero = essere tanti.

C'erano delle persone venute per far numero, non perché interessasse loro l'argomento.

Dare i numeri = dire stranezze.

— Di', ma stai dando i numeri? —
— No, ti giuro che è la verità. —

Passare nel numero dei più = morire.

Ultimamente con questa epidemia molti anziani sono passati nel numero dei più.

Essere il numero 1 = essere il migliore.

Quello stupendo purosangue è il numero uno della scuderia.

Avere dei numeri = avere qualità, capacità per compiti specifici.

È una attrice che ha dei numeri e vedrai che se le darai la parte della protagonista quella commedia sarà un successone.

NUORA

Dire a nuora perché suocera intenda = far capire una cosa a chi non vorrebbe sentirla, dirgliela indirettamente.

Se discuterai di ciò con Mario mentre è presente anche Luigi, vedrai che quest'ultimo capirà. È proprio vero che bisogna dire a nuora perché suocera intenda.

NUVOLE

Cadere dalle nuvole = rimanere sorpreso da una notizia improvvisa, incredibile.

Immaginavo che quell'architetto fosse abbastanza quotato, ma son caduta dalle nuvole quando ho visto il meraviglioso arredamento della sua villa.

O

O

O la va o la spacca! = o la supera o no.

Parteciperò ad un concorso difficile e selettivo: o la va o la spacca!

OCA

Essere un'oca = essere una persona poco intelligente, sciocca.

Che oca è Loretta! Ride sempre e non fa mai un discorso per bene.

OCCHIACCI

Fare gli occhiacci a qualcuno = mettere a tacere qualcuno.

Stavo parlando della gita fatta insieme quando Paolo mi ha fatto gli occhiacci. Allora ho smesso di parlare.

OCCHIO

Avere gli occhi di falco, lince = vederci benissimo, valutare una cosa esattamente e con acume.

Quell'agente di borsa ha gli occhi di falco. Ecco perché tutte le cose gli vanno bene.

Avere gli occhi foderati di prosciutto = non vedere l'evidenza.

Ma come non si è accorto che tutta quella messinscena era per incontrarlo? Allora ha proprio gli occhi foderati di prosciutto.

Essere tutt'occhi = guardare attentamente, con avidità.

Mentre passeggiava per le vie antiche di quella città, l'architetto era tutt'occhi.

Parlare a quattr'occhi = parlare privatamente.

Vorrei parlarti a quattr'occhi di quella questione: ci possiamo trovare noi due domani?.

Far tanto d'occhi = meravigliarsi.

Alle sue proposte assurde la signora fece tanto d'occhi.

Avere l'occhio clinico = avere la capacità di formulare subito dei giudizi, intendere subito.

Giorgio ha problemi economici, lasciatelo dire da me che ho l'occhio clinico per queste cose.

L'occhio del padrone ingrassa il cavallo, il maiale = l'attenzione ai propri interessi porta dei vantaggi certi.

— Perché curi così tanto le tue piante? —
— Non sai che l'occhio del padrone ingrassa il maiale? —.

Andarsene con gli occhi bassi = ritirarsi mogi, mogi.

Dopo che suo padre l'ebbe sgridato, Pietro se ne andò con gli occhi bassi.

Costare un occhio della testa = costare, valere molto.

Non le piaceva quel cappotto che a suo padre era costato un occhio della testa.

Chiudere un occhio = fingere di non accorgersi di una cosa, lasciar perdere, tollerare.

— Non si può entrare! —
— Per favore, potrebbe chiudere un occhio? —

Fare l'occhiolino = manifestare intesa.

Mentre la madre rimproverava il figlio, dalle spalle del ragazzo il padre le fece l'occhiolino.

Fare ad occhio e croce = agire senza giusta e precisa valutazione, valutare una cosa grossolanamente.

Quel muratore non mi ispira fiducia perché non si possono fare certi lavori ad occhio e croce come fa lui. Manca di precisione, insomma.

Avere, tenere l'occhio alla penna = stare bene attento.

Occhio alla penna ragazzi! La squadra nemica è molto forte e potrebbe vincere...

Fare l'occhio a pesce morto = guardare languidamente qualcuno.

Che stupido quel militare... Da mezz'ora sta facendo l'occhio a pesce morto a quella ragazza che nemmeno lo degna di uno sguardo.

Cavare gli occhi a qualcuno = voler percuotere, minacciar di voler uccidere qualcuno.

Se quella smorfiosa non la smette di girare intorno al mio ragazzo, le caverò gli occhi.

Dare nell'occhio = farsi notare.

È una bellissima ragazza e dà nell'occhio ogni volta che passeggia per la strada.

Guardare di sott'occhio = guardare furtivamente, con apprensione.

Mentre faceva il disegno Paolo guardava di sott'occhio sua madre che era particolarmente nervosa.

ODORE

Essere, morire in odore di santità = essere stimato santo, degno di riverenza, morire in grande considerazione.

Padre Agostino è morto in odore di santità e forse lo beatificheranno.

OMBRA

Essere ridotto all'ombra di se stesso = essere assai sciupato, magro.

Poveretta, dopo la morte del marito è ridotta all'ombra di se stessa.

ORA

Non veder l'ora = desiderare molto qualcosa.

Non vedo l'ora di riabbracciare Maria, che è una ragazza tanto cara...

ORECCHI

Essere tutt'orecchi = prestare attenzione.

— *Vuoi sapere la novità?* —
— *Dimmi, sono tutt'orecchi.* —

Rizzare le orecchie = ascoltare attentamente qualcosa di cui ci si è accorti che veniva detta.

Quando mio cugino ha sentito i genitori parlare fra sé del motorino da ragalargli, gli si sono rizzate le orecchie.

Sentirsi fischiare gli orecchi = presagire qualcosa, intuire.

Mmmm... mi fischiano gli orecchi. Non starete forse preparandomi la festa per il mio compleanno?

Fare orecchi da mercante = far finta di non capire, non voler intendere.

Puoi dire ciò che vuoi perché se Maurizio non vuole capire sa come fare orecchi da mercante.

Tirare gli orecchi a qualcuno = sgridare qualcuno.

È venuto a Firenze e non ci ha nemmeno salutato? Quando lo vedremo gli tireremo gli orecchi.

Essere sordo da un orecchio = far finta di non capire.

Gli ho proposto di finanziare quel progetto ma il Dottor Neri si è dimostrato sordo da quell'orecchio.

Entrare da un orecchio e uscire dall'altro = essere una cosa che non turba, non coinvolge.

Cara mia, le tue stupide chiacchere mi entrano da un orecchio e mi escono dall'altro. Faresti meglio a stare zitta.

Sturare ad uno gli orecchi = far capire a qualcuno ciò che non vorrebbe sentire, ammettere.

Se non glieli sturi te gli orecchi a tua figlia, glieli sturo io! Deve lasciare in pace mio figlio. È chiaro?

ORO

Nuotare nell'oro = avere molti soldi.

Che villa! Il suo proprietario deve nuotare nell'oro.

Prendere una cosa per oro colato = crederci facilmente.

— *Enzo ha creduto alle sue fandonie?* —
— *Certo, lo sai che lui prende tutto per oro colato.* —

ORTICHE

Gettare alle ortiche = buttare via.

La madre è disperata. Pietro ha gettato alle ortiche tutti gli anni di studi ed ha abbandonato l'università.

ORTO

Coltivare il proprio orto = pensare agli affari propri.

È una persona molto riservata. Fareste bene anche voi a coltivare il vostro orto, così come fa lei.

OSSO

Farsi le ossa = farsi esperienza.

Da giovane si è fatto le ossa come manovale; ora è un muratore abile e richiesto.

Sputare l'osso = parlare chiaramente.

— Dovrei dirti... —
— Non prenderla alla larga e sputa l'osso. Allora, cosa c'è? —

Essere un osso duro (da rodere) = essere cosa o persona difficile da affrontare.

Quest'esame di chimica sarà per me un osso duro perché non so assolutamente niente della materia.

Giocare, rimetterci, scommettere l'osso del collo = giocare, scommettere la parte più ricca, importante di se stessi.

Domani Paolo spenderà tutto lo stipendio in quel regalo per la sua ragazza: ci giocherei l'osso del collo.

Buttar l'osso a qualcuno = pagare qualcuno, corromperlo con il denaro.

Buttagli l'osso e vedrai che quell'impiegato ti farà avere presto l'appuntamento per la visita specialistica di cui hai bisogno.

OSTE

Fare i conti senza l'oste = prendere una decisione senza tener conto dei fattori necessari.

— Allora domani vi aspetto a casa mia —
— Ma scusa, hai fatto i conti senza l'oste. Sei sicura che tua madre ci voglia invitare? —

Domandare all'oste se ha buon vino = domandare qualcosa di cui è ovvia la risposta.

— Voglio chiedere a Luisa se può venire a teatro con me. —
— Domandi all'oste se ha buon vino. Sai che Luisa adora il teatro e ti dirà certamente di sì. —

OVILE
Tornare all'ovile = tornare a casa, ai vecchi amici.

Dopo un periodo di sbandamento Paolo è tornato all'ovile dove tutti gli amici del partito l'hanno accolto con gioia.

P

PACCHIA

Essere una vera pacchia, fare la pacchia = godersi la vita, vivere senza pensieri.

Sarebbe una vera pacchia se potessi cambiare ufficio perché in quel reparto so che non si fa quasi niente.

PADELLA

Cadere dalla padella alla brace = passare da una brutta situazione ad una peggiore.

Giorgia ha lasciato il suo ragazzo per Marco, ma è caduta dalla padella alla brace perché Marco è ancor più sfaticato dell'altro.

PADRONE

Essere padrone di... = conoscere, essere esperto.

Dopo anni di studio mi sento padrone della matematica.

Essere il padrone del vapore = essere la persona più importante di una comunità.

— Chi è qua il padrone del vapore? —
— Il dottor Redi dirige questa società.—

PAGLIA

Buttar paglia sul fuoco = alimentare una situazione difficile, instabile.

Ci sono divergenze di opinione fra Paolo e Fausto: non mettete paglia sul fuoco, per carità.

Mettere la paglia vicino al fuoco = esporre a forti sensazioni, tentazioni.

Mia sorella è bella, il tuo amico affascinante. Se li lasciamo soli mettiamo la paglia vicino al fuoco.

Essere un uomo di paglia = essere un paravento, un prestanome.

Giuseppe è un uomo di paglia perché chi ha comprato tutto il blocco degli appartamenti è la ditta per la quale lui lavora.

PAGLIONE

Bruciare il paglione = andarsene senza pagare, mancare ad una promessa.

L'avventore del bar, quando il cameriere si fu girato, bruciò rapidamente il paglione e girò l'angolo della strada.

PAGLIUZZA

Guardare la pagliuzza nell'occhio altrui = vedere solo i difetti altrui e non i propri.

Invece di guardare sempre la pagliuzza nell'occhio di tua sorella, pensa a ciò che fai e capirai che i tuoi genitori hanno ragione a criticarti.

PAIOLO

Negare il paiolo in testa = negare l'evidenza.

Hai ancora il coraggio di negare il paiolo in testa dopo che ti ho detto di avere le prove del fatto?

PALLA

Cogliere, prendere la palla al balzo = prendere il momento giusto.

Lucia, quando ha visto la madre allegra, ha colto la palla al balzo per chiederle il permesso di andare alla festa.

Rimettersi in palla = riacquistare la salute.

— *Finalmente ti sei rimesso in palla?* —
— *Sì, se Dio vuole!* —

PALLINE

Giocare a palline = comportarsi in modo inconcludente, perdere tempo.

Smettetela una buona volta di giocare a palline e dateci invece una mano.

PALLONE

Essere un pallone gonfiato = essere borioso, vanaglorioso.

Mi è antipatico Giorgio, è un pallone gonfiato. Crede di essere unico ed insostituibile.

PALMA

Ottenere la palma = raggiungere lo scopo prefissato, un traguardo.

Quell'atleta italiano ha ottenuto la palma per l'ottima prova brillantemente superata.

PALO

Fare da palo = essere complice.

Il ladro rubava nel negozio ed il ragazzo gli faceva da palo fuori.

PANCIA.

Grattarsi la pancia = stare ozioso.

In quell'ufficio quasi tutti gli impiegati si grattano la pancia. Poveri cittadini.

PANDEMONIO

Essere, fare un pandemonio (del diavolo) = esserci, produrre molta confusione, rumore.

C'era un tale pandemonio in discoteca che me ne sono andato quasi subito.

PANE

Dire pane al pane e vino al vino = parlare schiettamente, apertamente.

Gino è un tipo aperto e sincero, che dice pane al pane e vino al vino. Per questo mi piace!

Vendere qualcosa per un pezzo di pane = vendere qualcosa a prezzo non vantaggioso.

Hanno dovuto vendere quel servito di posate d'argento praticamente per un pezzo di pane, pur di pagare subito quel debito.

Trovare pane per i propri denti = trovare una situazione o persona capace di dominare qualcuno.

Mario ha finalmente trovato pane per i suoi denti. Infatti la sua ragazza è ancora più energica di lui e così Mario non fa più il prepotente.

Essere pane per i denti = essere confacente a qualcuno o qualcosa.

Caro amico, Diana è troppo bella per te, non è pane per i tuoi denti.

Rendere pane per focaccia = ricambiare un torto.

Claudia ha reso pan per focaccia alla sua eterna rivale.

Levarsi, togliersi il pane di bocca = sacrificarsi.

È una madre tenerissima che si toglierebbe il pane di bocca per i suoi figli.

Mangiar pane a tradimento = sfruttare.

Purtroppo mio fratello è un fannullone che ha sempre mangiato pane a tradimento. Farò io ciò che chiedi.

Essere pane e cacio con qualcuno = andare di perfetto accordo.

Adesso, per ottenere quel prestito, la mia amica è diventata pane e cacio con tua zia.

PANNA

Essere, trovarsi in panna (panne) = essere impossibilitato a procedere, per un guasto al motore.

Durante quella gita in Sardegna ci siamo trovati in panne in mezzo alle montagne e non c'era nessuno. Che momenti terribili!

PANNI

Lavare in casa i propri panni sporchi = risolvere le cose proprie senza farlo sapere agli altri.

Perché hai raccontato alla tua amica la nostra discussione? Non lo sai che i panni sporchi si lavano in casa?

135

Cucire i panni addosso a una persona = fare qualcuno oggetto di maldicenza, di rabbia.

Era così arrabbiata con il fratello che gli ha cucito i panni addosso davanti a tutti.

Mettersi nei panni di qualcuno = mettersi nella condizione di qualcun altro, immedesimarsi nella sua sorte.

Mettiti nei suoi panni e dimmi se anche tu non avresti fatto come lui.

Sapere di che panni si veste qualcuno = conoscerlo bene.

Dacci retta, lascialo perdere perché tu non sai di che panni si veste, ma noi sì. È un delinquente.

PAPÀ

Essere figlio di papà = avere tutto spianato dalla famiglia, avere vita facile.

Lucio è figlio di papà; pertanto la scalata al successo è più facile per lui.

PAPAVERO

Essere un alto papavero = essere una persona autorevole, influente.

— Sono quelli i più alti papaveri dell'industria? —
— Sì, non vedi come danno ordini a tutti? —

PAPERA

Prendere una papera = sbagliare nel parlare, storpiare una parola.

L'annunciatrice telesiva durante la trasmissione ha preso una papera.

PAPPA

Essere una pappa fredda = mancare di energia.

Che barba stare con Marco!... È una pappa fredda che non ti dico.

Mangiare la pappa in capo a qualcuno = essere più in gamba di...

Ormai tuo figlio è grande e ti mangia la pappa in capo.

PAPPAGALLO

Sapere una cosa a pappagallo = sapere una cosa a memoria, senza comprendere il suo significato.

Mio figlio sa tutto a pappagallo e il professore si arrabbia perché non dimostra reale assimilazione di quello che ha studiato.

Fare il pappagallo = corteggiare qualcuno con stupida insistenza.
Claudio, non fare il pappagallo con quella turista che sta passando.

PARADISO
Stare in paradiso a dispetto dei santi = stare in un luogo senza invito o senza essere accetti.
Non voglio stare in paradiso a dispetto dei santi. Se non mi accettate più come vostro rappresentante mi dimetterò dalla carica.

Avere qualche santo in paradiso = avere forti appoggi, protezione.
Senti, per aver potuto comprare questo grande magazzino devi avere qualche santo in paradiso. Non è vero?

PARASSITA
Essere un parassita = essere uno sfruttatore degli altri.
Piero è il parassita dei suoi nonni e vive e si diverte a spese di quei poveracci.

PARATA
Vedere la mala parata = vedere la brutta situazione.
I monelli, quando hanno visto la mala parata, sono corsi via.

PARI
Essere pari e patta = essere allo stesso livello.
Mi ha rotto il libro e io gli ho scarabocchiato il quaderno. Così adesso siamo pari e patta.

Saltare qualcosa a piè pari = saltare senza esitazioni una difficoltà.
Ci sono delle parti molto complesse in quel libro di fisica ed io le salterò a piè pari. Tanto se cercassi di capirle perderei tempo inutilmente.

PARIGLIA
Rendere la pariglia = contraccambiare con risentimento.

Non è venuto al cinema con me e io non gli ho fatto gli auguri per il suo compleanno. Gli ho reso la pariglia.

PAROLA

Rimangiarsi la parola = cambiare idea, non rispettare le promesse fatte.

Mi avevi promesso che saresti venuto e adesso ti rimangi la parola. Non è bello.

Toglier le parole di bocca = non far parlare.

Lasciami spiegare e non togliermi le parole di bocca, maleducato.

PARROCCHIA

Essere della parrocchia = far parte di un gruppo (con ironia).

I ragazzini del quartiere non volevano giocare con Paolo, che si era trasferito lì da poco tempo, perché secondo loro non era della parrocchia.

PARTITA

Vincere la partita = superare un confronto.

Bravo Giorgio. Adesso che hai vinto la partita con quel tuo collega, potrai finalmente riposarti.

Essere della partita = partecipare ad un'azione impegnativa.

Ehi, sono anch'io della partita e non potete fare a meno di me.

PASSO

Segnare il passo = essere in un momento di stasi, fermo.

Avevo cominciato così bene questo lavoro ed ora invece sto segnando il passo. Speriamo che sia una cosa transitoria.

Tornare sui propri passi = cambiare idea.

Non è il tipo da tornare sui propri passi. Perciò attento a ciò che fai se non vuoi perderlo.

Fare passi da gigante = procedere rapidamente, fare progressi.

Bravo, hai fatto passi da gigante in tedesco.

Fare il passo più lungo della gamba = andare oltre le proprie capacità e possibilità.

Ha fatto il passo più lungo della gamba e adesso non sa come fare a pagare tutto.

Fare il passo secondo la gamba = agire conformemente alle proprie capacità, possibilità.

Luca è una persona intelligente, che fa il passo secondo la gamba. Per questo tutto più o meno gli va bene.

PASTA
Essere una pasta di... = essere un buon...

Mio marito...? È una pasta d'uomo, sempre allegro e disponibile.

Essere di pasta frolla = essere debole.

Luca è proprio una pasta frolla e non ho tempo da perdere con lui.

PAURA
La paura fa novanta = la paura spesso è tanta.

Ma sai che dopo aver guardato quel film del terrore alla televisione non avevo il coraggio di andare a letto?

PECORA
Essere la pecora nera = tenere un comportamento negativo rispetto al gruppo a cui si appartiene.

Giulia, così arcigna e ribelle, è la pecora nera della famiglia.

PELARE
Pelare = carpire soldi senza scrupolo.

Ha giocato forte con quell'avventuriero che l'ha pelato bene bene.

PELLE
Avere la pelle dura = saper sopportare, rimanere saldo.

Mi dici che mi vuoi abbandonare? Non preoccuparti per me, ho la pelle dura.

Essere tutto pelle e ossa = essere magro, macilento.

Quel cane randagio è tutto pelle e ossa... Mi fa una pena!

Vendere la pelle dell'orso prima di averlo ucciso = fare affidamento su qualcosa che non è ancora chiara, definita.

Non è buona abitudine vendere la pelle dell'orso prima d'averlo ucciso perché ci si potrebbe mettere nei guai... Meglio contare solo su ciò che sicuramente si ha.

Far accapponare la pelle = provocare paura, ribrezzo.

Quando Maria salì in soffitta e vide tutti quei ragni in mezzo alla polvere, le si accapponò la pelle.

Lasciarci la pelle = morire.

In quell'escursione sulla montagna è successa una disgrazia e due persone ci hanno lasciato la pelle.

Salvare la pelle = salvare la vita.

È un amico: in tempo di guerra mi salvò la pelle.

Fare la pelle a... = uccidere.

Se continuerà a truffare alla fine ci sarà qualcuno che gli farà la pelle.

Far venire la pelle d'oca = far rabbrividire.

Le ho fatto venir la pelle d'oca quando le ho raccontato la mia esperienza.

Non stare più nella pelle = essere euforico, agitato.

All'avvicinarsi dell'arrivo al mare il bambino non stava più nella pelle dalla gioia.

PELO

Essere di primo pelo = essere imberbe, giovane, inesperto.

Senti, non sono certo di primo pelo, io. Perciò non sta a te dirmi cosa devo o non devo fare nel mio lavoro.

Prendere per il verso del pelo = lusingare con servilismo.

— Devo chiedere un grosso favore alla signora. —
— Attenta a prenderla per il verso del pelo, se vuoi ottenere qualcosa. —

Non avere peli sulla lingua = parlare chiaro.

Clara non ha avuto peli sulla lingua e ha detto all'amica ciò che davvero pensava di lei.

Cercare il pelo nell'uovo = essere troppo meticoloso.

Uffa, come sei pesante... Possibile che per ogni cosa di cui discutiamo tu debba sempre cercare il pelo nell'uovo?

Perdere il pelo ma non il vizio = non credere in un reale cambiamento.

— Ma come, Giorgio non ha smesso di fumare? —
— Cosa credevi? Si perde il pelo ma non il vizio. —

Fare pelo e contropelo = sottoporre a critica severa.

Lo zio al nipote spendaccione gli ha fatto pelo e contropelo.

PENNE

Farsi bello con le penne del pavone = attribuirsi meriti non propri.

Dice di aver scoperto lui quella tomba etrusca, ma credo si faccia bello con le penne del pavone.

PENNELLO

Calzare a pennello = stare perfettamente.

Sei un amore e queste scarpe ti calzano a pennello.

PENTOLA

Bollire in pentola = stare per accadere.

Cosa bolle in pentola? A te lo posso dire...: il matrimonio di Paolo.

PEPERONE

Farsi come un peperone = arrossire.

Alle osservazioni ironiche del professore, Paolo si è fatto come un peperone.

PERA

Cadere come una pera cotta = cadere rovinosamente.

Camminavo per la strada quando all'improvviso sono caduta come una pera cotta, senza potermi appoggiare da nessuna parte.

Essere, fare una cosa a pera = essere, fare una cosa illogica, senza senso.

Certe volte fai dei discorsi a pera... Cerca di riflettere un po' prima di parlare.

PERLE

Buttare, gettare perle ai porci = offrire cose a chi non è capace di apprezzarle.

È inutile che continui a parlare con lui. Volgare come è, mi sembra proprio di gettare perle ai porci.

PESCA

Vattela a pesca! = chi lo sa!

— *Pensate che questo regalo possa piacerle?* —
— *Mah, vattela a pesca.* —

PESCARE

Pescare qualcuno sul fatto = trovare, sorprendere qualcuno nel momento di un'azione cattiva, illecita.

— *Davvero è un ladro?* —
— *Certo, l'hanno pescato sul fatto.* —

PESCE

Essere muto come un pesce = non dire niente, tacere.

All'esame quello studente è stato muto come un pesce. Forse ha avuto un'amnesia.

Non sapere che pesci prendere = provare indecisione davanti ad una scelta.

Da una parte mio marito che gridava, dall'altra mio figlio che mi chiamava ed io che non sapevo che pesci prendere.

Fare un pesce d'aprile a qualcuno = fare uno scherzo.

— *Finalmente mi hanno assunto in quel negozio!* —

— *Purtroppo temo che ti abbiano fatto un tremendo pesce d'aprile perché adesso lì non assumono personale.* —

Essere un pesce fuor d'acqua = sentirsi fuori del proprio ambiente.

In quell'ambiente ero così goffo che mi sentivo un pesce fuor d'acqua.

PESI
Avere, usare due pesi e due misure = non essere obbiettivo nelle valutazioni, essere parziale.

Non è una madre imparziale con i suoi figli perché secondo me usa due pesi e due misure. Infatti il figlio minore se ne approfitta.

PESTE
Lasciare, mettere qualcuno nelle peste = lasciare qualcuno in difficoltà.

Non sei un amico perché mi avevi promesso che saresti venuto con me per discutere l'orario di lavoro con il capoufficio ed invece non l'hai fatto. Davvero mi hai lasciato nelle peste.

Dire peste e corna di qualcuno = parlare malissimo di qualcuno.

— *Perché dici sempre peste e corna di Mario?* —
— *Perché non si è dimostrato l'amico che credevo.* —

PETTO
Battersi il petto = manifestare pentimento, dolore.

In chiesa, durante la preghiera, quella vecchietta si batté tre volte il petto.

Prendere qualcosa, qualcuno di petto = affrontare qualcosa, qualcuno con energia.

Dammi retta, se prenderai Giovanni di petto non otterrai niente da lui. Sii più calmo.

PIANTA
Rifare qualcosa di sana pianta = rifare qualcosa dall'inizio, completamente, di nuovo.

Ho sbagliato tutto questo esercizio e sarà meglio che lo rifaccia di sana pianta.

PIATTO

Sputare nel piatto dove si è mangiato = comportarsi da ingrato.

Quando lo zio non gli è stato più utile, Lino lo ha messo in ospizio. È stato un disonesto a sputare nel piatto dove aveva mangiato.

PIAZZA

Far piazza pulita = liberarsi.

Perché non facciamo piazza pulita di quei fannulloni e terminiamo noi questo progetto?

PICCHIA

Picchia e ripicchia = a forza di insistere.

Alla fine, picchia e ripicchia, ha convinto suo padre a dargli la macchina.

PICCINO

Farsi piccino = cercare di passare inosservato, sentirsi umiliato.

Alle sue parole di rimprovero, l'impiegato si fece piccino piccino.

PICCIONI

Prendere due piccioni con una fava = ottenere due vantaggi in un colpo solo.

Sono venuta di lunedì da te perché sapevo che ci avrei trovato anche tuo marito. Volevo prendere due piccioni con una fava.

PIDOCCHIO

Essere un pidocchio rifatto = essere una persona arricchita.

Per me quell'uomo sarà sempre un pidocchio rifatto. È ricco ma così volgare...!

PIEDE

Essere una palla al piede = essere di impedimento, di peso.

Ormai Lucia è per me una palla al piede e tanto vale che la lasci.

Stare con i piedi per terra = saper valutare la realtà.

Fortunatamente almeno Carlo sa stare con i piedi per terra. Io invece non ho senso pratico.

Levarsi qualcuno dai piedi = liberarsi di qualcuno sgarbatamente.

Levati dai piedi! Ho chiuso con te!

Avere un piede nella fossa = stare per morire.

Purtroppo mio nonno ha già un piede nella fossa; i medici disperano di salvarlo.

Rimanere a piedi = restare fermo, non progredire.

Tra noi chi rimane a piedi è sempre Lucia che non è per nulla intraprendente. Non farà mai carriera.

Fare qualcosa con i piedi = fare una cosa senza cura, male.

Il tuo lavoro è stato fatto con i piedi. Avresti potuto farlo meglio.

Cadere in piedi = uscire senza molti danni da una situazione avversa.

La ditta ha dichiarato fallimento ma il proprietario è caduto in piedi. Chissà come avrà fatto...?

Lasciare qualcuno a piedi = lasciarlo senza mezzi necessari.

Non si deve lasciare a piedi chi per tanti anni ci ha aiutato.

Fare una cosa su due piedi = farla immediatamente.

Non posso farti questa torta così su due piedi. Dovevi avvertirmi prima che i tuoi amici sarebbero venuti da noi a pranzo.

Essere, lasciare qualcuno a piede libero = attendere un processo, essendo in libertà, lasciare qualcuno libero in attesa di processo.

È un grande delinquente e tutti lo sanno. Eppure la polizia lo lascia a piede libero finché non ci saranno le prove delle sue colpe.

Prender piede = affermarsi.

La moda dei vestiti lunghi sta prendendo piede in Italia.

Andare coi piedi di piombo = procedere con cautela.

Dobbiamo trattare una situazione delicata con lui. Andiamoci con i piedi di piombo.

PIETRA

Mettere una pietra sopra = voler dimenticare torti subiti.

Mettiamoci una pietra sopra e ricominciamo a lavorare insieme, come una volta.

Essere la pietra del paragone = essere un elemento di confronto.

Non può esserci pietra di paragone fra Elena e Mary, perché essendo di nazionalità diverse anche la loro mentalità è differente.

Essere la pietra dello scandalo = essere la persona, l'azione che turba, corrompe, mette discordia.

Quella donna è per i giovani la pietra dello scandalo. Nel paese vorrebbero che se ne andasse.

Scagliare la prima pietra = criticare, distruggere per primo qualcosa.

Chi crede di non aver mai sbagliato e vuole condannare l'errore di Andrea, scagli la prima pietra.

Non restare pietra su pietra = esserci una totale distruzione.

Della bellezza di questo edificio forse con i secoli non resterà pietra su pietra.

PIFFERI

Fare come i pifferi di montagna = partire baldanzoso e ritornare battuto.

Ben gli sta! Carlo voleva mettere Gino in difficoltà davanti a tutti ed invece ha fatto come i pifferi di montagna: è andato per aggredirlo ed è stato sconfitto. Che figura!

PILLOLA

Indorare la pillola = attenuare l'effetto di un fatto, presentare qualcosa di sgradito in una forma accettabile.

Le ho riferito l'episodio increscioso, indorandole la pillola per non preoccuparla.

PIOVERE
Piovere dal cielo = capitare all'improvviso.

Toh, guarda chi è piovuto dal cielo! Ciao Pietro, come va?

PIRRO
Riportare la vittoria di Pirro = conseguire una vittoria a caro prezzo.

Nell'azione legale contro Anna Luisa ha vinto ma ha riportato la vittoria di Pirro perché ha perso la stima dei suoi amici.

PIVE
Tornare con le pive, le trombe nel sacco = restare deluso, scornato.

Erano andati a parlare dal dottor Gandini per un aumento di stipendio ma sono tornati con le pive nel sacco.

POLLI
Far ridere i polli = comportarsi in modo ridicolo.

Questo tuo discorso fa proprio ridere i polli. Pensaci, prima di parlare.

Conoscere i propri polli = conoscere bene qualcuno.

Non ci credo che Carlo abbia speso tutti i soldi che dice in quel regalo: è troppo avaro. Dammi retta... conosco i miei polli.

POLLICE
Avere il pollice verde = saper coltivare le piante.

Che meravigliosa serra! È proprio vero che tua cognata ha il pollice verde.

Girarsi i pollici = stare ozioso.

Controlla cosa fanno i tuoi impiegati in ufficio. Si girano i pollici.

POLSO
Tastare il polso a qualcuno = cercare di conoscere le intenzioni di qualcuno.

Ho tastato il polso a mia madre. Niente da fare, non mi darà il permesso di venire con voi.

POLVERE

Mordere la polvere = essere umiliato dal nemico.

Ben gli sta, adesso sarà lui a mordere la polvere.

Gettare la polvere negli occhi = illudere con facilità, ingannare.

Per gettare la polvere negli occhi ai parenti si è presentato elegante e con una potente macchina.

Tenere le polveri asciutte = essere pronto a combattere ogni situazione.

Sarà meglio tenere le polveri asciutte perché da un momento all'altro potremmo doverci difendere dai loro pettegolezzi.

Avere le polveri bagnate = essere impossibilitato a respingere un attacco.

Clara, quando le sue «amiche» le parlano alle spalle, ha sempre le polveri bagnate, perché essendo timida e chiusa di carattere, non sa difendersi.

Dar fuoco alle polveri = far nascere una lotta, una rivolta.

Diamo noi fuoco alle polveri prima che ci attacchino quei giornalisti sul giornale locale.

POMO

Essere il pomo della discordia = essere la causa di un contrasto.

— *Ma qual'è stato il pomo della discordia fra Remo e Paolo?* —
— *È stata Laura, perché interessa a tutti e due.* —

POMPA

Mettersi in pompa magna = vestirsi bene, sfoggiare un certo tipo di abbigliamento.

Mi raccomando, stasera al ricevimento mettiti in pompa magna perché ci saranno persone che contano e potrebbero esserci utili.

PONTI

Rompere i ponti = interrompere un rapporto.

Luigi ha cambiato vita ed ha rotto i ponti con gli amici di una volta.

Dormire sotto i ponti = fare una vita vagabonda, senza fissa dimora.

Il pittore che ho conosciuto ieri è un tipo che dorme sotto i ponti. Dice che è l'unico modo per sentirsi libero.

PORTA

Prendere la porta = andarsene.

Dopo quella discussione il ragioniere ha preso la porta, giurando di non tornare più da Franco.

Sfondare una porta aperta = credere di superare un problema che in realtà non esiste.

Roberto è andato pronto a discutere dal padre della sua ragazza, ma ha sfondato una porta aperta perché l'uomo si è dimostrato ben disposto verso di lui.

PORTO

Essere un porto di mare = essere un luogo affollato, senza tranquillità.

Basta! Questa casa mi sembra un porto di mare! Non voglio più qui i tuoi amici a tutte le ore. Ci siamo capiti?

PORTOGHESE

Fare il portoghese = cercare di entrare in un luogo senza pagare.

— Signore, la prego di non fare il portoghese, mi faccia vedere il suo biglietto. —
— Non ce l'ho, chissà dove l'avrò messo. —

POZZO

Essere il pozzo di San Patrizio = dare senza limiti.

Sei fortunato ad avere una zia che è come il pozzo di San Patrizio. Non hai certo problemi economici, tu!

Essere un pozzo senza fondo = essere inesauribile.

Daniela, ma quanto mangi. Sei proprio un pozzo senza fondo.

Essere un pozzo di scienza = essere (spesso ironicamente) una persona erudita.

Se anch'io avessi tempo come lui di approfondire i miei studi sarei certamente un pozzo di scienza.

PREDICARE

Predicare bene e razzolare male = asserire una cosa buona e comportarsi in maniera diversa, cattiva.

Non mi va di ascoltare i consigli di Gino che predica bene e razzola male. Farò di testa mia.

PRENDERE

Prendere o lasciare = o accettare una cosa o rinunciare ad essa.

Questo è l'ultimo prezzo che posso farti. Prendere o lasciare.

Prendersela con qualcuno = arrabbiarsi.

— Perché te la prendi con me? Io non c'entro. —
— Sta' zitto, non dire bugie. —

PRESA

Fare presa su = avere capacità di convincimento.

Certi spettacoli fanno presa sul pubblico.

Essere alle prese con qualcuno, qualcosa = trovarsi a trattare con una persona o situazione complessa, spesso difficile.

— Vieni al cinema? —
— No, perché sono ancora alle prese con questo problema complicato. —

PREZZEMOLO

Essere come il prezzemolo = essere sempre presente.

Come sei invadente Gino! Ti si vede da tutte le parti! Insomma sei come il prezzemolo.

PRIMA

Prima di essere aceto fu vino = cambiare da bene in male.

Purtroppo il signor Rossi prima di essere aceto fu vino e adesso non possiamo più contare su di lui.

PRIMO

Essere il primo venuto = essere inesperto in...

Lasciamoci guidare dalla sua esperienza in questo campo; dopotutto non è il primo venuto.

PUGNO

Rimanere con un pugno di mosche = essere deluso.

Quante speranze ed illusioni! Ma arrivati a Parigi siamo rimasti con un pugno di mosche in mano.

Fare a pugni = contrastare.

Il colore di quest'abito fa a pugni con quello del cappotto.

Tenere in pugno qualcuno = dominare qualcuno, ricattarlo.

Lo tengo in pugno. Se non mi aiuta dico tutto a suo padre.

Essere come un pugno nello stomaco, in un occhio = colpire improvvisamente e sgradevolmente.

È così gelosa della sua collega, che quando ha saputo della sua promozione, è stato un pugno nello stomaco per lei.

PULCE

Avere, mettere la pulce nell'orecchio = sospettare, far nascere in qualcuno il sospetto per una cosa.

Maria è proprio gelosa di Teresa e così le ha messo la pulce nell'orecchio che aveva visto suo marito fuori con la segretaria.

PULCINO

Essere, sembrare un pulcino nella stoppa = essere, sembrare una persona impacciata, inesperta.

Mi fa tenerezza tuo figlio. In mezzo a tutti quei ragazzi più disinvolti di lui sembra un pulcino nella stoppa.

PULPITO

Da che pulpito viene la predica! = certi consigli vengono dati da persona che parla bene ma che non agisce altrettanto.

— *Carlo, non è bello che tu ti faccia prestare i soldi da Angela.* —
— *Senti da che pulpito viene la predica! Lo so che Angela ha prestato ventimila lire anche a te.* —

Salire sul pulpito = darsi arie di superiorità (inteso ironicamente).

È inutile che tu salga sul pulpito! Ti conosco troppo bene per non sapere che ciò che dici non l'hai mai fatto neppure te.

PUNTA

Prendere di punta = affrontare con risolutezza, senza diplomazia.

Non prenderlo di punta, altrimenti diventerà nervoso e non concluderai nulla.

Essere una persona di punta = essere la persona più influente, attiva di un gruppo.

Ilario è l'uomo di punta del gruppo «donatori di sangue». Se vogliamo un aiuto dobbiamo rivolgerci a lui.

PUNTINI

Mettere i puntini sulle i = precisare.

Voglio mettere bene i puntini sulle i perché non ci siano dopo dei contrasti.

PUNTO

Fare il punto di qualcosa = revisionare, ricapitolare.

Se non faccio il punto della situazione non capisco più cosa mi rimane da fare.

Dire, fare qualcosa di punto in bianco = dire, fare qualcosa all'improvviso.

Di punto in bianco Mauro si è alzato ed ha trattato male suo cognato. È stata una sorpresa per tutti.

Essere a un punto morto = arrestarsi e non sapere se e come procedere.

Dopo molte discussioni adesso le trattative con i dirigenti del sindacato sono a un punto morto.

Dare dei punti a qualcuno = essere superiore.

Nel campo della linguistica il professor Gianni dà dei punti al tuo amico.

Q

QUARESIMA
Essere lungo come la quaresima = essere molto alto.

— *Ti piace il mio ragazzo?* —

— *Simpatico, ma è lungo come la quaresima. Non è troppo alto per te?* —

QUARTA
Partire in quarta = agire in modo impulsivo.

Non partire in quarta. Aspetta a sentire le ultime notizie e poi deciditi.

QUARTO
Passare un brutto quarto d'ora = trovarsi in una brutta situazione.

Quando mi sono trovata sola con quel tizio poco raccomandabile ho passato un brutto quarto d'ora. Meno male che è arrivato poco dopo Giacomo.

QUATTRINI
Bussare a quattrini = chiedere soldi.

Ahi ahi, quando vedo mio figlio così gentile significa che deve venire a bussare a quattrini.

QUATTRO
Far quattro salti = ballare.

Vieni a fare quattro salti stasera a casa mia? Ci sarà una festicciola.

Dirgliene quattro = sgridare, trattare male qualcuno.

Mi ha rotto il vaso! Se lo prendo gliene dico quattro.

Farsi in quattro = adoperarsi per ogni verso, fare tutto il possibile.

Sono amici da tanti anni e si farebbero in quattro per aiutarsi, se ce ne fosse bisogno.

Comprare, vendere per quattro soldi = comprare, vendere a basso prezzo.

Il negoziante vende la sua merce per quattro soldi perché vuole rinnovare il locale.

QUINTE

Agire, stare dietro le quinte = manovrare di nascosto.

Lui crede che la decisione l'abbia presa Paola; in realtà c'è sempre sua madre che agisce dietro le quinte.

QUIPROQUO

Esserci un «quiproquo» = esserci una svista, una distrazione.

Mi scusi tanto signora, c'è stato un «quiproquo» ed il suo regalo è stato mandato ad un altro indirizzo.

R

RAGIONE

Picchiare qualcuno di santa ragione = picchiare fortissimo qualcuno.

Quel ragazzino aveva combinato un guaio così grosso che suo padre lo picchiò di santa ragione.

RAGNO

Non cavare un ragno dal buco = non ottenere nulla.

Se saremo così intransigenti con le trattative non caveremo un ragno dal buco. Pensiamoci!

RAMOSCELLO

Portare un ramoscello di ulivo = farsi portatore di pace.

È una persona mite che porta sempre un ramoscello di olivo quando ce n'è bisogno.

RAMPINO

Attaccarsi a tutti i rampini = sfruttare ogni situazione.

Lino è talmente arrivista che si attaccherebbe a tutti i rampini pur di raggiungere i suoi fini.

RANGHI

Restare nei ranghi = rimanere al proprio posto, mantenere le distanze.

Caterina, invece di restare nei tuoi ranghi, potresti aiutarci a pulire.

Rientrare nei ranghi = rinunciare ad una posizione impegnativa, spesso scomoda.

Comodo così... protesti, fai politica, sobilli una rivolta e poi rientri nei tuoi ranghi.

RAPA

Essere una testa di rapa = essere limitato di comprensione.

È una testa di rapa. Mi ha fatto ripetere mille volte questa spiegazione e ancora non l'ha capita.

RASOIO

Camminare, stare sul filo del rasoio = essere in condizioni precarie, ai limiti della legalità.

Quell'impresario cammina sul filo del rasoio; prima o poi i suoi traffici verranno scoperti.

RAZZA

Far razza da sé = vivere appartato.

Non conosco a fondo quell'uomo dal momento che fa razza da sé.

Far razza a sé = essere diverso.

Certamente tuo padre è un uomo interessante che fa razza a sé.

Far razza con qualcuno = cercare la compagnia di qualcuno.

Pina fa sempre razza con gli italiani del sud, perché anch'essa è meridionale.

RE

Essere più realista del re = essere accanito difensore di un'idea, una ideologia.

Quel socialista è più realista del re ed ha lui la direzione di tutto.

Essere il re travicello = non avere prestigio, non saper farsi rispettare.

Il direttore della scuola è come il re travicello, e tutti, sia studenti che professori, fanno ciò che a loro pare.

REFUGIUM PECCATORUM

Essere il «refugium peccatorum» = essere persona o luogo di rifugio, di riparo in situazioni di necessità.

Quella vecchia signora è il «refugium peccatorum» del quartiere perché quando uno ha dei problemi va da lei a chiederle consiglio e aiuto.

REGISTRO

Cambiare registro = adeguarsi alle circostanze, cambiare atteggiamento.

È meglio che tu cambi registro con lui se vuoi concludere l'affare.

REMO

Tirare i remi in barca = cessare di fare qualcosa, disinteressarsi di qualcosa.

Son troppo vecchio ormai, preferisco tirare i remi in barca e lasciare spazio ai più giovani.

REMORA

Costituire, essere, porre una remora = costituire, essere, porre un freno, un limite.

Non farti remore e fa' ciò che ti pare.

RETE

Impigliarsi nella rete = cadere nei raggiri, nelle lusinghe.

Stiamo attenti a non impigliarci nella rete del principale, altrimenti non ci concederà i giorni richiesti.

RIBALTA

Salire alla ribalta = assumere improvvisamente un ruolo importante.

Era un uomo da niente ed ora è salito alla ribalta con l'appoggio del cognato.

RIBASSO
Essere in ribasso = essere in crisi, perdere il prestigio.
Era un uomo politico famoso ma adesso è decisamente in ribasso.

RIFARE
Rifarsela con qualcuno = sfogare con uno il proprio malumore.
Che diritto hai di rifartela con me? Io non ho colpa di niente.

RIFFA RAFFA
Fare a riffa raffa = fare qualcosa con qualsiasi mezzo.
Tanto ha detto e fatto che, facendo a riffa raffa, è passato avanti a tutti.

RIFRITTO
Sapere di rifritto = mancare di originalità.
Questo romanzo è banale e il suo svolgimento sa di rifritto.

RIGHE
Leggere tra le righe = capire ciò che non è scritto ma è sottinteso.
Maria mi ha scritto che si sente sola a Firenze ed io, leggendo fra le righe, ho capito che Pietro non l'ha raggiunta.

RIMA
Cantarla in rima = ripetere con impazienza.
Insomma, te la devo cantare in rima? Perché non cerchi di capire la situazione da solo?

Rispondere per le rime = rispondere in malo modo.
Mi ha offesa, ma sta' certa che gli ho risposto per le rime.

RISA
Far sbellicare, sganasciare dalle risa = far ridere sfrenatamente, senza posa.
Fantastico, quel film comico! Mi ha fatto sbellicare dalle risa per tutta la sua durata.

RITIRATA

Battersela in ritirata = scappare precipitosamente.

Quando ha capito che c'era da lavorare, se l'è battuta in ritirata.

ROGNA

Cercare rogna = perseguire guai o danni.

Stiamo alla larga da quel tipo: cerca rogna e per noi è meglio non avere fastidi.

ROMANA

Fare alla romana = pagare ognuno per conto proprio.

— Andiamo in pizzeria stasera? —

— Sì, però facciamo alla romana che è più pratico per tutti. —

ROSA

Vedere tutto rosa = essere ottimista.

Che bel carattere, Francesca! Pur essendo in difficoltà vede tutto rosa.

Se son rose fioriranno = ciò che è all'inizio continuerà a svilupparsi.

— Pensi che Mario sposerà Lucia? —

— Mah, non so, comunque se son rose fioriranno.—

Voler le rose senza spine = volere insieme due cose opposte fra loro.

Voler le rose senza spine è impossibile. Perciò non potrai dimagrire se non farai la dieta.

Non esserci rosa senza spina = dietro ad un fatto positivo c'è il suo lato negativo.

— Che fatica lavorare così forte per recuperare le ore perse in vacanza! —

— Lo sai che non c'è rosa senza spina. —

ROSPO

Inghiottire, ingoiare il rospo = essere costretto ad accettare qualcosa di sgradevole.

— *Gliel'hai detto a Lucia che lui non la vuole più vedere?* —
— *Sì, ma non l'ha inghiottito, il rospo.* —

ROTELLA
Mancare a uno qualche rotella = avere un comportamento bizzarro, essere stravagante.
— *Com'è vestita Carla, è un pagliaccio.* —
— *Non stupirti, le manca qualche rotella.* —

ROTOLI
Andare a rotoli = andare male, svanire.
Il mio programma è andato a rotoli quando hanno rifiutato di darmi le ferie.

ROTTA
Andare a rotta di collo = andare malissimo, correre spericolatamente.
I miei affari stanno andando a rotta di collo. Come farò a salvarmi dal fallimento?

ROTTO
Cavarsela, uscire per il rotto della cuffia = uscire fortunosamente da un impiccio.
Ma come, hai superato quell'esame pur non avendo studiato molto? Beato te che te la sei cavata per il rotto della cuffia.

ROVESCIO
Essere il rovescio della medaglia = essere l'aspetto negativo di una situazione dall'apparenza positiva.
La proposta di lavoro è interessante, ma il rovescio della medaglia è che non avrei lo stipendio tutti i mesi.

RUBA
Andare a ruba = essere venduto con facilità.
Questi fiori vanno a ruba, tanto è basso il loro prezzo.

RUBICONE
Passare il Rubicone = decidere, scegliere definitivamente.
Alla fine ho passato il Rubicone ed ho lasciato la mia città. Adesso qui sto bene.

RUGGINE
Esserci della ruggine fra... = esserci un radicato e nascosto risentimento.
Fra Carla e Sara c'è della ruggine, da quando quest'ultima le ha rubato il marito.

RUOTA
Essere l'ultima ruota del carro = occupare una posizione marginale.
Insomma, voglio sapere anche io le notizie da Roma. Non sono l'ultima ruota del carro.

Fare la ruota = pavoneggiarsi.
Con il vestito da sera Claudia faceva la ruota davanti a tutti.

Fare ruota intorno a qualcuno = corteggiare.
Mario fa sempre ruota intorno a mia sorella. Se continua così lo tratterò male.

Ungere le ruote = corrompere con soldi qualcuno.
— Come ha fatto Franco a superare quell'esame? —
— Avrà unto le ruote al professore. —

RUZZOLONE
Fare un ruzzolone = avere un improvviso tracollo.
Era un bravissimo professionista e non capisco come abbia potuto fare questo ruzzolone.

S

SABATO

Dio non paga il sabato! = c'è sempre una punizione.

Ha cercato in tutti i modi di mettere discordia fra i due. Fortunatamente Dio non paga il sabato!

SABBIA

Costruire sulla sabbia = costruire senza basi, a vuoto.

Paola studia molto ma è come se costruisse sulla sabbia perché è stanca e non riesce ad assimilare i contenuti.

SACCO

Mettere qualcuno nel sacco = vincerlo con l'inganno e l'astuzia.

Il negoziante di fronte vende molto da quando ha messo nel sacco i concorrenti.

Reggere il sacco = farsi complice in una azione illecita.

Bravo, lo sai che se reggi il sacco sarai anche tu nei guai con la giustizia?

Vuotare il sacco = confessare, sfogarsi.

Vuota il sacco e raccontami perché lui ti ha lasciato così bruscamente.

Cogliere, prendere qualcuno con le mani nel sacco = cogliere qualcuno in flagrante.

L'hanno colto con le mani nel sacco e l'hanno denunciato. Finalmente non trufferà più nessuno.

SACRO

Confondere il sacro con il profano = confondere una cosa buona con una cattiva.

Questo è un libro di letteratura, non di barzellette. Non si può confondere il sacro con il profano.

SALATA
Pagarla salata = subire le conseguenze di errori o malefatte.
Gliela faccio pagare salata, se lo trovo. Quel farabutto mi ha venduto della merce avariata.

SALE
Avere poco sale in testa = essere stupido, sprovveduto.
Hai avuto poco sale in testa. Dovevi immaginartelo che avrebbero cercato di truffarti...

Essere il sale della terra = essere il più sapiente (spesso con ironia).
Lui crede di essere il sale della terra ma se davvero sapesse come lo stimano gli altri...!

Restare di sale = essere fortemente stupito.
— *Gino si è laureato stamattina con il massimo dei voti.* —
— *No, davvero? Mi fai restare di sale.* —

Non metterci né sale né aceto = non volersi immischiare.
Clara non mette mai né sale né aceto fra sua figlia e il marito.

Avere del sale in zucca = avere ingegno, buon senso.
Hai avuto sale in zucca a non firmare quel contratto un anno fa. Ora è possibile farlo a condizioni più vantaggiose.

SALMO
Ogni salmo finisce in gloria = tutte le difficoltà possono appianarsi.
Al partito c'è stata una grossa battaglia fra i sindacalisti. Siccome però ogni salmo finisce in gloria, è tornata la pace.

SALSE
Metterla in tutte le salse = mettere, presentare la stessa cosa in aspetti diversi.

164

Gliel'ha messa in tutte le salse tanto che sua madre si è convinta a fare ciò che il figlio desiderava.

SALTARE
Farsi saltare le cercella = spararsi alla testa.
Si è fatto saltare le cervella perché era stanco della vita.

Far saltare qualcuno = comandarlo.
Hai trovato chi ti fa saltare. Tua moglie è davvero energica.

SALTI
Fare i salti mortali = fare l'impossibile.
Quella famiglia sta facendo i salti mortali per vivere con i pochi soldi che ha.

SANCTA SANCTORUM
Essere il «sancta sanctorum» = essere la parte più importante di uno stabile, di un ufficio.
Non entrare nello studio di Lino. Sai che è il suo «sancta sanctorum» e non tollera la presenza di estranei lì dentro.

SANGUE
Battersi all'ultimo sangue = battersi con tutte le proprie forze.
Mi batterò fino all'ultimo sangue per convincerti che non ho commesso io quel furto.

Il sangue non è acqua = le inclinazioni individuali risentono della ereditarietà della famiglia.
— *Come ti assomiglia tuo figlio nel carattere.* —
— *Lo credo, il sangue non è acqua.* —

Agire a sangue caldo = agire di impulso.
Se agirai a sangue caldo potrai sbagliare. Calmati e parliamone prima insieme.

Voler cavare sangue da una rapa = pretendere l'impossibile dagli altri.

Non credo che Martina possa comprendere i miei problemi; è superficiale e sarebbe come voler cavare sangue da una rapa.

Sudare sangue = lavorare assiduamente e con fatica.

Angela ha sudato sangue tutta la vita. Ora può finalmente riposarsi.

Farsi cattivo sangue = angustiarsi.

Non devi farti cattivo sangue se tuo figlio non ha gradito la tua sorpresa. Ognuno ha i suoi gusti.

SANGUISUGA

Essere una sanguisuga = essere uno sfruttatore.

Poveretti quei contadini! Hanno un padrone che è una sanguisuga.

SANTO

Non esserci santo che tenga = non esserci possibilità di cambiamento in ciò che è stato già deciso.

Basta, non c'è santo che tenga! O chiedi scusa a Luigi per il tuo comportamento o perderai la sua amicizia.

Non sapere a che santo votarsi = non sapere come agire, a chi indirizzarsi.

Il figlio è proprio un delinquente e suo padre non sa più a che santo votarsi.

Avuta la grazia gabbato lo santo = mutare atteggiamento dopo aver raggiunto il fine che si perseguiva.

Prima era gentilissimo con Carlo, poi quando ha ottenuto da lui ciò che voleva, avuta la grazia gabbato lo santo.

SAPERE

Sapere di... = avere il profumo, il gusto di....

Buono questo budino, sa di fragola.

Saperla lunga = fingere bene.

— *Ti giuro che non so di cosa tu parli!* —
— *La sai lunga tu...* —

Saperne una più del diavolo = essere scaltro.

— *Che tipo è Marcello?* —
— *Certamente ne sa una più del diavolo, altrimenti non avrebbe raggiunto il successo così rapidamente.* —

SARDONICO
Essere, fare un riso sardonico = essere un riso sarcastico, cattivo.

Durante l'assemblea uno del gruppo avverso fece un riso sardonico che provocò Mauro e scatenò una grossa lite.

SASSO
Restare di sasso, di stucco = rimanere allibito, sbalordito.

Come, Enzo è partito? Ma doveva portarmi quel libro... Resto di sasso!

SBAFO
Vivere a sbafo = sfruttare gli altri, essere un parassita.

Lui vive a carico della famiglia e degli amici. Insomma, vive a sbafo.

SBALLATA
Essere una cosa sballata = essere una cosa priva di valore, inconsistente.

Ma è una cosa sballata pensare di voler concludere ora quell'affare perché non è il momento migliore.

SBOTTONARE
Sbottonarsi = confidarsi.

Quell'impiegato si è sbottonato con me e mi ha raccontato la reale situazione del suo ufficio... Sapessi!

SCACCO
Dare uno scacco a qualcuno = sconfiggere qualcuno.

Mi hai dato uno scacco ma ti faccio tutti i miei complimenti per la tua abilità.

SCAGLIE
Avere le scaglie come i pesci = essere sporco.

Non l'hanno fatto entrare nel bar perché aveva le scaglie come i pesci. Uno straccione, ecco!

SCAMPARLA
Scamparla bella = uscire incolume, per fortuna.

Fortunatamente si è salvato in quel terribile incidente automobilistico. L'ha scampata bella.

SCARICABARILE
Fare a scaricabarile = scaricarsi addosso a vicenda delle responsabilità.

Il direttore della scuola ha chiamato gli studenti che avevano fatto quel brutto scherzo e questi hanno fatto a scaricabarile di fronte alle sue domande.

SCARPA
Morire con le scarpe ai piedi = morire all'improvviso.

È morto con le scarpe ai piedi, proprio quando stava per andare in pensione.

Andare senza scarpe = non possedere nulla.

Non hai né un lavoro né un posto dove dormire. Insomma, vai senza scarpe.

Fare le scarpe a = agire subdolamente contro qualcuno.

Che traditore! Ha fatto le scarpe al suo amico prendendogli il posto che da anni era di lui.

Essere una scarpa vecchia = essere brutto e inutile.

Maria è ormai una scarpa vecchia. Colpa sua.

Non essere degno di legare le scarpe a qualcuno = essere inferiore a qualcuno.

Non permetterti di rivolgermi la parola; tu non sei degno neppure di legarmi le scarpe.

SCATOLE
Rompere le scatole = disturbare insistentemente.

Lasciami finire l'esercizio senza rompermi le scatole.

SCHERZO
Fare uno scherzo da prete = fare uno scherzo che non si accetta volentieri, piuttosto pesante.

Ma dove ti eri cacciata? Ti ho cercato tutta la mattina. Sparire così è stato proprio uno scherzo da prete.

SCHIENA
Lavorare di schiena = lavorare duramente.

Povera gente, ha sempre lavorato di schiena senza ribellarsi alla cattiva sorte.

SCOTTO
Pagare lo scotto = pagare la colpa, essere castigato.

Ho pagato lo scotto della mia cattiveria. Nessuno adesso mi sta vicino.

SCOZZESE
Essere una doccia scozzese = essere un'alternanza di situazioni positive e negative.

Prima vinco al totocalcio, poi perdo alle corse dei cavalli. È una doccia scozzese dopo l'altra.

SCUOLA
Marinare la scuola = non andare alle lezioni.

L'insegnante ha rimproverato Carletto che aveva marinato la scuola.

SE

Se la va, la va = se sarà così, allora sarà proprio così.

Ho portato questi fiori alla dottoressa per ottenere da lei quel favore. Se la va, la va.

SECCA

Lasciare qualcuno nella secca = lasciare qualcuno in mezzo alle difficoltà.

È grande abbastanza per risolvere da solo queste cose. Ora basta, lo lascerò nella secca.

SECCO

Murare a secco = mangiare senza bere.

Non si può murare a secco, forza beviamo un po' di vino rosso.

Essere a secco = essere senza soldi.

— Vieni a Roma per quel concerto? —
— Non posso, sono a secco. —

SEDIA

Stare a scaldare la sedia = Oziare, stare inerte, inattivo.

Ragazzi, invece di stare a scaldare le sedie, affrettatevi a darmi il vostro esercizio.

SEDUTA

Fare qualcosa «seduta stante» = far qualcosa immediatamente.

Ti prego, fa' qualcosa «seduta stante»! Il rubinetto dell'acqua perde e il pavimento è tutto bagnato.

SEGNO

Cogliere nel segno = colpire nel centro, indovinare.

Oggi Mario e Lucia si sono sposati. Avevi colto nel segno quando dicesti che si erano innamorati.

SEGRETO

Essere il segreto di Pulcinella = essere un segreto in realtà noto a tutti.

Non mi dici niente di nuovo; che l'azienda sta andando in rovina è il segreto di Pulcinella.

SEMEL IN ANNO

Fare una cosa «semel in anno» = fare una cosa raramente.

— Maria e Gianni finalmente vanno d'accordo. —
— Per oggi forse sì, ma è una cosa che accade «semel in anno». —

SEMINATO

Uscire dal seminato = allontanarsi dall'argomento, disperdersi in considerazioni senza nesso logico.

Aveva cominciato tanto bene la conferenza ma poi ho avuto l'impressione che fosse uscito dal seminato.

SENTIRE

Sentirsela = essere disposto a...

— Te la senti di venire con noi a teatro? —
— No, grazie, mi sento ancora debole. —

SESSO

Discutere sul sesso degli angeli = fare discussioni inutili, oziose.

Mi sembra che voi due stiate discutendo sul sesso degli angeli invece di trovare un accordo e una conclusione logica alle vostre dissertazioni.

SESTO

Rimettere in sesto = rimettere a posto, rimettere in salute qualcuno.

È un bravo medico ed ha rimesso in sesto mia cugina dopo l'epatite virale.

SETE

Levarsi la sete con il prosciutto, con l'acqua salata = pagare un prezzo alto per una cosa che non lo vale.

Questo vestito è carissimo e non particolarmente bello, ma Lucia l'ha preso perché è di Valentino. S'è levata la sete con il prosciutto.

SFINGE

Essere una sfinge = essere impenetrabile, chiuso.

È una bella ragazza, ma è come una sfinge. Io non riesco a capirla.

SGAMBETTO

Fare lo sgambetto = soppiantare qualcuno slealmente.

Il concorso doveva vincerlo Giulio, ma gli hanno fatto lo sgambetto e così l'ha perduto.

SGOCCIOLI

Essere agli sgoccioli = essere alla fine.

Fra poco terminerà il corso di letteratura, siamo agli sgoccioli.

SIBILLINE

Dare risposte sibilline = rispondere ambiguamente, oscuramente.

— Cosa ti ha risposto Cesare? —
— Mi ha dato risposte sibilline. Ci informeremo da altri amici. —

SODO

Venire al sodo = trarre le conclusioni, venire al punto focale.

Da ore discutiamo su questa esecuzione. Ora veniamo al sodo: per te è valida è no?

SOLE

Lagnarsi del sole d'agosto = lamentarsi senza ragione.

Mara ha tutto: bellezza, soldi, amore. Non ti sembra che si lagni del sole d'agosto?

Esserci un sole che spacca le pietre = esserci un sole fortissimo.

Oggi al mare c'è un sole che spacca le pietre. Vedrai che abbronzatura prenderemo!

Vedere il sole a scacchi = essere in prigione.

Aveva rubato ma è stato scoperto; così ora andrà a vedere il sole a scacchi.

SOLFA

Ripetere la stessa solfa = insistere su espressioni o comportamenti irritanti, ripetere le stesse cose.

Dai dai, ripete sempre la stessa solfa. Ma quando la capirà di lasciarmi in pace?

SOLLUCCHERO

Mandare in sollucchero = procurare un grande godimento.

Quanti complimenti mi fai. Mi mandi in sollucchero.

SOPRA

Dormirci sopra = rimandarla, soprassedere ad una decisione.

È meglio che ci dorma sopra e poi mi dirai se vuoi comprare ancora quella casa.

SORCI

Far vedere i sorci verdi a qualcuno = far arrabbiare, mostrare qualcosa di sgradevole e straordinario.

Con tutte le sue birichinate Carletto fa vedere i sorci verdi a chi gli sta vicino.

SOTTANE

Stare attaccato alle sottane della mamma = non essere emancipato dalla tutela materna.

Enrico non sa prendere decisioni da solo perché sta sempre attaccato alle sottane della mamma.

SPADA

Incrociare la spada = dare inizio allo scontro.

Dalla discussione di ieri hanno incrociato le spade e se Laura non interverrà chissà fino a quando continueranno.

Sguainare la spada = disporsi alla lotta.

Forza, sguaina la tua spada, ché voglio trattare con te quell'affare. Dobbiamo concludere.

Difendere qualcuno a spada tratta = difendere qualcuno senza riserve, con passione.

Tutti lo accusarono; solo sua madre lo difese a spada tratta.

SPAGO

Dare spago a qualcuno = assecondare l'invadenza di qualcuno.

Se è così invadente la colpa è di Maria che gli ha dato spago. Doveva tenerlo lontano.

SPALLE

Vivere alle spalle di qualcuno = sfruttarlo, vivere a spese di qualcuno.

Luigi? È un fannullone che vive alle spalle di sua moglie.

Far da spalla a qualcuno = fargli da complice, sorreggerlo.

— Chi farà da spalla a quel comico? —
— Paride, che studia recitazione da qualche anno. —

Buttarsi, gettarsi una cosa dietro le spalle = non dar importanza a qualcosa, non prestarle attenzione.

Divertiti, divertiti, ma sta' attento a non buttarti gli studi dietro le spalle... Non sei più un bambino.

Avere la, essere di spalla rotonda = essere pigro, sfaticato.

Clara è proprio di spalla tonda. Le avevo detto di pulire tutta la stanza ma lei l'ha solo spolverata.

Mettere qualcuno con le spalle al muro = costringere qualcuno ad assumersi le proprie responsabilità.

— *Sono giorni che aspetto una sua risposta...* —
— *E tu mettilo con le spalle al muro.* —

Voltare le spalle = abbandonare o negare il proprio aiuto a qualcuno.

Lo credeva un amico ed invece nel momento del bisogno gli ha voltato le spalle.

Coprire le spalle a qualcuno, coprirsi le spalle = proteggere qualcuno, proteggersi.

Va' avanti, io ti coprirò le spalle se ce ne sarà bisogno.

SPARTIRE
Non aver nulla da spartire con qualcuno = non avere alcun rapporto, non esserci punti di contatto.

Ma cosa vuoi da me? Io non ho nulla da spartire con te. Lasciami in pace.

SPECCHI
Arrampicarsi sugli specchi = fare tentativi miseri e inutili.

È inutile che lui si arrampichi sugli specchi per convincermi: tanto so bene la verità.

SPENDERE
Spendere e spandere = avere un tenore di vita alto.

Quella famiglia spende e spande in un modo... Devono essere davvero tutti ricchi.

SPESE
Fare le spese di... = subire situazioni a proprio danno.

Povera Lucia, è talmente ingenua che fa sempre le spese di quelli che la manovrano.

Fare spese pazze = spendere moltissimo.

Ogni volta che vado a Parigi faccio spese pazze... Ma è tutto così pieno di stile...

Essere più la spesa che l'impresa = essere un affare in cui il risultato è inferiore alla spesa, alla fatica.

Ho speso molto di benzina per andare a fare la spesa al supermercato e perciò è stata più la spesa che l'impresa.

SPIAGGIA

Essere l'ultima spiaggia = essere l'ultima soluzione, possibilità.

Ti prego, dammi una mano a trovare una casa in affitto. Non so più a chi rivolgermi e tu per me sei l'ultima spiaggia.

SPINE

Stare, tenere sulle spine qualcuno = essere preoccupati, in ansia, far preoccupare.

Sto sulle spine perché è l'ora di cena e Livia non è ancora arrivata.

SPIRITI

Calmare i bollenti spiriti = calmarsi, acquetare una situazione tesa.

Giovanotto, calma i tuoi bollenti spiriti e parla con me con più educazione, altrimenti...

Essere povero di spirito = essere carente di senso dell'umorismo.

Come sei povero di spirito! Non volevo affatto offenderti ma tu hai capito certe cose...

Fare uno spirito di patate = voler suscitare il riso a tutti i costi, senza averne la capacità.

— Che simpatico Antonio con i suoi scherzi! —
— Per me faceva soltanto uno spirito di patate: era davvero banale. —

Avere sette spiriti (vite) come i gatti = essere resistente, dinamicissimo anche nelle difficoltà.

Mia zia ha sette spiriti come i gatti e dopo tre interventi chirurgici si è rimessa perfettamente.

SPOLA

Fare la spola = spostarsi da un luogo all'altro.

Che stanchezza far tutti i giorni la spola fra Siena e Firenze per lavorare!

SPUGNA

Bere come una spugna = bere smodatamente.

Il camionista, che aveva bevuto come una spugna, guidava a tutta velocità per la strada bagnata dalla pioggia.

Gettare la spugna = rinunciare a proseguire un'impresa, desistere da qualcosa.

— Perché hai gettato così la spugna? —
— Perché so che non avrei potuto continuare a fare quel lavoro con voi. Non è il mio mestiere. —

SQUADRA

Essere fuori squadra = essere strano, tenere un atteggiamento insolito, sorprendente.

— La signora Morini da un po' di tempo non le sembra fuori squadra? —
— Come, non lo sa? Le è morto il marito. —

SQUAGLIARSELA

Squagliarsela = andarsene rapidamente, scappare.

È tipico dei vigliacchi squagliarsela quando ci sono da assumersi delle responsabilità.

STAFFA

Tenere il piede in due staffe = mantenersi in buoni rapporti con parti in contrasto.

È furbo Giovanni perché tiene il piede in due staffe: infatti è amico sia di Carlo che di Gino.

Perdere le staffe = perdere il controllo di sé, spazientirsi.

È stato provocato così apertamente che ha perduto le staffe.

Bere il bicchiere della staffa = fare il brindisi finale.

Aspettate, prima beviamo il bicchiere della staffa.

STAGIONE
Essere un frutto fuori stagione = essere un fatto verificato in tempo non confacente.

Quella manifestazione in piazza proprio ora mi sembra che sia un frutto fuori stagione! Secondo me è una cosa prematura.

STALLA
Chiudere la stalla quando i buoi sono scappati = prendere precauzioni tardive.

Te lo avevo detto di non prestargli la macchina, perché forse te l'avrebbe sfasciata. Ora è inutile chiudere la stalla quando i buoi sono scappati.

STAMPELLE
Reggersi sulle stampelle = essere in condizioni di grave instabilità.

Quel ristorante non va e si regge sulle stampelle. Sarebbe meglio chiuderlo.

STECCA
Fare, prendere una stecca = stonare una nota.

Durante l'esecuzione dell'aria il tenore ha preso una stecca.

STECCHETTO
Essere, tenere qualcuno a stecchetto = stare a regime di cibo o altro, lesinare qualcosa a qualcuno.

È tremendo mio marito; da quando ha fatto tutte quelle spese per la casa adesso mi tiene a stecchetto.

STECCHITO
Rimanere stecchito = essere sbigottito, rimanere sorpreso, quasi senza parole.

Quando gli hanno portato il conto del pranzo è rimasto stecchito. Che prezzi alti!

STELLE

Portare, salire alle stelle = considerare molto, salire in alto.

Giorgia è portata da tutti alle stelle per la sua classe ed intelligenza.

Passare dalle stelle alle stalle = passare da una condizione agiata, da un livello superiore ad un livello misero.

Ha dovuto vendere tutto per i debiti e così è passato dalle stelle alle stalle.

Vedere le stelle = provare un intenso dolore momentaneo.

Sbadatamente mi ha pestato un piede, facendomi vedere le stelle.

STINCO

Essere uno stinco di santo = essere una bravissima persona.

Tuo marito non è uno stinco di santo. Stagli più vicino se non vuoi brutte sorprese.

STRADA

Lasciare la strada vecchia per la nuova = abbandonare un metodo collaudato, una cosa sicura, per una nuova.

Prima di lasciare la strada vecchia per la nuova dovresti informarti quali garanzie di successo ti dà questa.

Trovarsi in mezzo a una strada = ridursi in povertà.

Con affari sbagliati così ricco e superbo si è trovato in mezzo a una strada.

Essere una donna di strada = essere una prostituta.

Può essere pericoloso andare con lei che è una donna di strada!

Andare fuori strada = andare da una cosa all'altra senza logica, sbagliare la direzione.

In questa caccia al tesoro se non usiamo un po' di intelligenza è facile andare fuori strada.

Spianare la strada a qualcuno = agevolargli un compito togliendone gli ostacoli.

Suo zio è così potente che gli spianerà la strada nel mondo del lavoro.

STRAFORO

Fare, dare, vedere qualcosa di straforo = fare, dare, vedere qualcosa di nascosto, senza diritto, senza permesso.

Non potevamo entrare in quel cinema perché il film era proibito ai minori di diciotto anni, ma noi siamo entrati ugualmente di straforo.

STREGHE

Dare la caccia alle streghe = perseguitare qualcuno in base a supposizioni, pregiudizi.

È ingiusto comportarsi così con Maura: è come dare la caccia alle streghe.

STRIGLIATA

Dare una strigliata = rimproverare aspramente.

Se non dai una strigliata a tuo figlio crescerà sempre più viziato.

STRUZZO

Avere lo stomaco di uno struzzo = digerire facilmente.

Ma come, hai digerito quell'orrenda cena a base di cipolle? Allora hai proprio lo stomaco di uno struzzo.

Fare la politica dello struzzo = essere un politico inetto, che non vuole affrontare le situazioni difficili.

Il governo attualmente fa la politica dello struzzo e il nostro Paese peggiora di giorno in giorno.

SUE

Stare sulle sue = essere riservato, stare appartato.

Non riesco a capire tua cugina, perché sta sempre sulle sue.

SUOLA

Avere il giudizio sotto la suola delle scarpe = essere privi di senso pratico.

Come ho fatto a non accorgermi delle loro subdole intenzioni... Ho proprio il giudizio sotto la suola delle scarpe.

T

TABÙ

Essere tabù = essere innominabile, intoccabile.

L'argomento del sesso è tabù per quella ragazza.

TABULA RASA

Fare «tabula rasa» di qualcosa = buttare via, finire qualcosa, spazzare.

Ho fatto «tabula rasa» dei miei brutti ricordi ed ho deciso di ricominciare una nuova vita.

TACCHI

Alzare i tacchi = allontanarsi rapidamente.

Alzo i tacchi prima che tua sorella mi chieda di accompagnarla al cinema.

TANGENTE

Filare per la tangente = scappare rapidamente, defilarsi.

Mentre il professore parlava alcuni studenti filarono per la tangente.

TANTALO

Soffrire le pene, i supplizi di Tantalo = soffrire moltissimo per qualcosa che si desidera, ma non si può ottenere.

A guardare questa favolosa torta con la panna soffro le pene di Tantalo, ma se la mangiassi mi farebbe male.

TAPPE

Bruciare le tappe = accellerare il cammino, il corso di un'impresa.

È una ragazza che ha bruciato tutte le tappe. Adesso, giovanissima, dirige un'industria.

TAPPETO

Portare una discussione sul tappeto = portare in discussione un problema comune.

— *La costruiamo o no questa casa?* —
— *Mettiamo la questione sul tappeto e poi decideremo.* —

TAPPEZZERIA

Far da tappezzeria = essere messo da parte, essere trascurato dagli altri.

Mi dispiace che Luisa ieri abbia fatto da tappezzeria durante la festa. Eppure è carina e simpatica.

TARA

Fare la tara = ridurre alle giuste proporzioni.

Prendiamo l'abitudine a fare la tara a tutti i discorsi di Paolo che è un po' sbruffone.

TARANTOLA

Avere la (essere morso dalla) tarantola = essere irrequieto, essere incapace di stare immobile.

Mettiti a sedere e parliamo tranquillamente, ché mi sembra che tu abbia la tarantola.

TARTARUGA

Camminare come una tartaruga = camminare assai lentamente.

Se continuerai a camminare come una tartaruga arriveremo troppo tardi da Giuseppe. Affrettati.

TASCHE

Rompere le tasche = disturbare.

Paolino, non romperci le tasche con le tue stupidaggini. Esci dalla stanza, per favore.

182

TAVOLA

Fare una tavola rotonda = fare un dibattito su un certo soggetto.

Stasera alla televisione ci sarà una tavola rotonda sul problema della droga.

TEGOLA

Cascare una tegola sul capo = arrivare un danno inatteso.

Sapessi che tegola mi è cascata sul capo... Alcuni cinghiali mi hanno rovinato metà raccolto.

TELA

Essere come la tela di Penelope = lavorare senza concludere.

Credevo che per battere a macchina questo lavoro tu ci mettessi poco tempo. Invece dopo dieci giorni è come la tela di Penelope.

TEMPO

Ammazzare, ingannare il tempo = trascorrere il tempo libero, rendere meno pesante un'attesa.

Cerca di ammazzare il tempo e vedrai che la situazione si evolverà a tuo favore.

Lasciare il tempo che si trova = essere un'azione inutile.

Se volete, andate a chiedergli una diminuzione del prezzo dell'affitto. Per me lascerà il tempo che trova.

Fare il bello e il cattivo tempo = avere potere su un gruppo.

— Chi è qui che fa il bello e il cattivo tempo? —
— La segretaria del direttore. —

Il tempo è galantuomo = il tempo allenta le tensioni, smorza i contrasti.

Siccome il tempo è galantuomo, aspetta, ché tutti dimenticheranno i tuoi sbagli.

TENDE

Levar le tende = andarsene da qualche luogo.

Beh, buonanotte, per me è tardi e devo levare le tende.

TERNO

Essere, vincere un terno al lotto = essere una cosa difficile da ottenere, avere un inaspettato colpo di fortuna.

— *Hai trovato una casa?* —
— *Ma scherzi? Trovare una casa in affitto oggi è come vincere un terno al lotto.* —

TERRA

Andare a far terra per ceci = morire.

Caro mio, tutti siamo destinati ad andar a fare terra per ceci, prima o poi.

Essere terra terra = essere senza rilievo, senza particolari qualità.

Il tuo discorso è terra terra; non potrai convincere così il pubblico.

Buttare, gettare qualcuno a terra = avvilire qualcuno, rovinarlo.

— *Vi ha portato buone notizie da casa?* —
— *No, purtroppo; ci ha buttati a terra.* —

Sentirsi mancare la terra sotto i piedi = essere smarrito e angosciato.

Quando ha saputo che anche i suoi parenti l'avevano condannata per la sua leggerezza, la ragazza si è sentita mancare la terra sotto i piedi.

TERRENO

Sondare, tastare il terreno = informarsi sullo sviluppo che può produrre una certa situazione.

Lucia è andata dagli amici a tastare il terreno perché prima di dare la festa a casa vuole sapere se loro saranno liberi.

Sentirsi mancare il terreno sotto i piedi = sentire di essere in una situazione instabile, critica.

Quando la polizia gli è entrata in casa, quell'industriale si è sentito mancare il terreno sotto i piedi.

Perdere terreno = diminuire di prestigio.

Come architetto è bravo, ma è talmente maleducato che sta perdendo terreno con i suoi clienti.

TESTA

Avere la testa fra le nuvole = vivere fuori della realà, in fantasticherie.

Com'è romantica Mina! Ha sempre la testa fra le nuvole.

Battere la testa = fare esperienza negativa di una cosa.

Forse battendoci la testa, imparerà a non fare più simili sciocchezze.

Rimetterci la testa = perdere tutto in un dissesto finanziario, rovinarsi.

È un giocatore accanito e ieri ci ha rimesso anche la testa con Tino. Infatti ha perduto moltissimo.

Essere una testa calda = essere impulsivo, non sapersi controllare.

Stiamo attenti a Mario che, siccome è una testa calda, potrebbe compromettere le trattative diplomatiche.

Essere una testa di legno, di rapa = essere duro, poco intelligente.

Povera me, come farò a far capire questo problema a Carlo che è proprio una testa di legno!

Essere una testa d'uovo = essere un teorico di un movimento, di un'ideologia.

Massimo è una testa d'uovo, ma per le cose pratiche non è adatto e non può organizzare lui la manifestazione di protesta.

Montarsi la testa = insuperbirsi.

Dopo tanti successi è facile per un artista montarsi la testa.

Dare alla testa = provocare stordimento, far insuperbire.

— Questo profumo è troppo dolce e mi dà alla testa... —
— Le lodi del professore ti hanno dato alla testa. —

Fare un colpo di testa = prendere una decisione improvvisa, senza riflessione.

Mario, ha fatto un colpo di testa e se ne è andato in America. Che pazzia!

Farci la testa = impazzire su un problema, non riuscire più a riflettere su qualcosa.

— Hai risolto il rebus? —
— Assolutamente no; ci ho fatto la testa e non ci capisco più niente. —

Non sapere dove battere la testa = essere in stato di profonda indecisione, non sapere cosa fare.

Sto cercando in tutte le librerie questo libro ma è esaurito e non so dove battere la testa. Che dirò al professore?

Fasciarsi la testa prima di rompersela = preoccuparsi anzitempo.

— Ora mi sgriderà perché ho perduto i soldi; Cosa farò? —
— Aspetta a fasciarti la testa prima di rompertela. Forse non se ne accorgerà nemmeno. —

Avere la testa a posto, sulle spalle = essere equilibrato, assennato.

Che ragazza è Marina! Ha proprio la testa a posto come una donna matura e responsabile.

Mettere la testa a partito = agire, pensare nel modo giusto, ravvedersi.

Finalmente hai messo la testa a partito! E lei come è? Bella come dicono?

TIFO

Fare il tifo = manifestare un'ammirazione fino al fanatismo.

Carlo fa il tifo per la squadra di calcio italiana.

TILT

Andare, essere in tilt = confondersi, non capire più nulla.

Durante l'interrogazione sono andato in tilt e non ho saputo più dire una parola.

TIMONE

Prendere in mano il timone = assumersi la direzione di qualche attività.

Ora che suo padre è morto, Tiziana prenderà in mano il timone dell'azienda.

TIMPANI

Rompere i timpani = produrre un rumore assordante.

Questa musica mi sta rompendo i timpani. Potresti abbassare il volume, per favore?

186

TIRAPIEDI

Essere il tirapiedi di qualcuno = essere l'ubbidiente aiutante di qualcuno.

In quel locale notturno David è il tirapiedi del proprietario.

TIRATORE

Essere un franco tiratore = essere un parlamentare che agisce senza il rispetto del partito a cui appartiene.

L'onorevole Bernini è un franco tiratore. Ormai è chiaro ed il suo partito dovrà prendere provvedimenti.

TIRO

Avere, essere a tiro = avere a disposizione qualcuno, essere presenti nel momento occorrente, giusto.

Bisognerebbe avere in questo momento a tiro Mario. Lui sì, che saprebbe riparare il nostro televisore.

Fare un tiro mancino = fare una brutta azione, uno scherzo.

Al ragionier Bardi il suo collega gli ha fatto un tiro mancino ed è avanzato di grado.

TOMBA

Essere muto come una tomba = non dire nulla, tacere.

— *Mi prometti che non dirai a nessuno ciò che ti ho confidato?* —
— *Sta' tranquilla, sarò muta come una tomba.* —

TOMMASO

Essere, fare come S. Tommaso = credere solo a ciò che si vede.

— *Non credi che sia così? Ti assicuro che è vero.* —
— *Mi dispiace, ma io sono come S. Tommaso.* —

TONTO

Fare il finto tonto = fingere incredulità, ingenuità.

Mentre la mamma lo rimproverava, Giovanni faceva il finto tonto e la donna si arrabbiò.

TOPO

Essere un topo di biblioteca = essere un frequentatore di biblioteche.

Il professor Marini è proprio un topo di biblioteca perché tutti i pomeriggi è là.

Essere un topo d'albergo = essere un ladro d'albergo.

Attento, ci sono i topi d'albergo! Ti consiglio di non lasciare nella tua stanza gli oggetti di valore.

TORBIDO

Pescare nel torbido = manovrare una situazione poco chiara.

Spesso i poliziotti devono pescare nel torbido. Che lavoraccio!

TORO

Prendere il toro per le corna = affrontare direttamente una persona, una situazione difficoltosa.

I colleghi parlavano alle sue spalle: allora Gianna ha preso il toro per le corna ed ha comunicato il suo divorzio.

Tagliare la testa al toro = definire una questione, troncandola.

Per tagliare la testa al toro io non andrò né da te né da lui. Starò a casa.

TORRE

Chiudersi, vivere in una torre d'avorio = chiudersi, vivere in sprezzante isolamento.

È un intellettuale interessato ai problemi sociali ma da quando ha raggiunto la notorietà vive in una torre d'avorio.

TORTA

Spartirsi la torta = assegnare le parti, dividersi la gestione di un potere.

Presto i sindacati si spartiranno la torta. Così vedremo chi ha più potere.

TRAM

Attaccarsi al tram = non esserci nulla da fare, essere impossibilitato a rimediare qualcosa.

— *Ho combinato un guaio e non posso rimediare perché non c'è tempo.* —
— *Allora attaccati al tram!* —

TRAMONTANA

Perdere la tramontana = perdere la tranquillità, l'orientamento.

Ma dove siamo? In questo bosco ho perso la tramontana ma forse ci sarà qualche sentiero.

TRAPPOLA

Cadere nella trappola = cadere in una manovra insidiosa.

Il direttore cercava una scusa per licenziarlo, ma Lorenzo non è caduto nella trappola.

TRAVE

Fare d'un fuscello una trave = ingrandire spropositatamente l'importanza delle cose.

— *Pensavo che lui stesse malissimo, fosse in gravi difficoltà; invece aveva fatto d'un fuscello una trave.* —

TRAVEGGOLE

Avere le traveggole = credere, vedere erroneamente una cosa al posto di un'altra.

Hai visto Luca con mio fratello? Secondo me hai le traveggole.

TRENO

Perdere il treno = perdere una occasione favorevole.

Chi, Lucia? Poveretta ha perso il treno in quel concorso ed ora dovrà aspettare altri tre anni.

TRENTA

Aver fatto trenta e fare trentuno = fare l'ultimo sforzo per completare il lavoro.

Coraggio, imbianchiamo anche le pareti del bagno. Abbiamo fatto trenta, facciamo trentuno.

TRIGLIA

Fare gli occhi di triglia = guardare languidamente.

La signorina Carlotta faceva gli occhi di triglia a Franco. Fortunatamente lui non se n'è accorto.

TUBO

Non capire un tubo = non capire assolutamente nulla.

Sta' zitto, ché non capisci un tubo in matematica...

TURCO

Fumare come un turco = fumare moltissimo.

Tuo padre fuma come un turco, ma non pensa alla sua salute?

U

UCCELLO

Fare l'uccello del malagurio = fare lo iettatore.

E finiscila una buona volta di fare l'uccello del malaugurio! Cerca di essere più ottimista.

Sembrare un uccello uscito dal nido = essere impacciato, non essere disinvolto.

È deliziosa la tua amica! Ieri alla festa, così timida, sembrava un uccello uscito dal nido.

Essere uccel di bosco = essere libero, autonomo.

Beato te che sei uccel di bosco. Io invece devo sempre dipendere dai miei genitori.

Rendersi uccel di bosco = rendersi irreperibile.

La finanza sta cercando quell'industriale; ma è ancora uccel di bosco.

UFO

Mangiare a ufo = mangiare a spese degli altri.

Paolo mangia spesso a ufo. Ormai è una criticabile abitudine.

UNA

Una ne fa, cento ne pensa = essere molto attivo, dinamico.

Quella ragazza è dinamicissima e sveglia: una ne fa, cento ne pensa.

UNA TANTUM

Fare una cosa «una tantum» = fare qualcosa una sola volta.

Nella mia vita ho fatto un viaggio splendido solo «una tantum»: è stato quando sono andato in India.

UNGERE

Ungere le ruote = adulare o offrire regali per ottenere favori.

Vedrai; se ungi le ruote alla commissione riuscirai a superare quel concorso.

UNGHIE

Affilarsi le unghie = prepararsi alla lotta.

Domani ci sarà da discutere al partito: affiliamoci le unghie.

Tirare fuori le unghie = lottare.

Non pensare che lei sia così remissiva come sembra. All'occorrenza sa tirare fuori le unghie.

UOVA

Rompere le uova nel paniere = ostacolare i piani di qualcuno.

Perché sei venuto anche tu con noi? Volevo stare solo con Franca e tu mi ha rotto le uova nel paniere.

Aggiustare le uova nel paniere = sistemare una situazione.

Davvero mi hai portato quei libri? Ne avevo proprio bisogno: così ora mi hai aggiustato le uova nel paniere.

Camminare sulle (pestare le) uova = camminare piano e senza disinvoltura.

Luisa, si vede che hai le scarpe con il tacco alto a cui non sei abituata... Sembra che cammini sulle uova.

UTILE

Unire l'utile al dilettevole = combinare una cosa necessaria con un'altra piacevole.

Devo andare in Sicilia a giugno per lavoro e unirò l'utile al dilettevole perché la mattina mi prenderò un po' di sole sulla spiaggia e il pomeriggio lavorerò.

V

VACCA

Stare in un ventre di vacca = stare bene, senza pensieri, essere sazio.

Con un pranzo così buono ed abbondante mi sembrava di stare in un ventre di vacca.

Essere il tempo delle vacche grasse (magre) = essere il periodo di abbondanza (di carestia).

Quest'anno per il vino è stato il tempo delle vacche grasse, fortunatamente.

VALERE

Non valere un gran che = valere poco.

— Che ne dici di questo quadro? —
— Passabile, anche se non vale un gran che. —

VAMPIRO

Essere un vampiro = essere assai avido di ogni genere di cose.

Maria è un vampiro. Pensa sempre a fare soldi.

VANVERA

Fare qualcosa, parlare a vanvera = agire, parlare a caso, senza riflessione.

Io non ascolto chi parla a vanvera. Il tempo per me è prezioso.

VAPORE

Andare a tutto vapore = andare velocemente.

Forza, se vai a tutto vapore forse riusciamo a raggiungere l'auto di Franco: premi l'acceleratore!

VARCO

Aspettare qualcuno al varco = attendere il momento propizio per rivalersi su qualcuno.

Maria non ha ancora dimenticato quell'offesa. Sono certa che appena possibile la ragazza attenderà al varco Clara, responsabile del torto fattole.

VASO

Portare vasi a Samo = portare una cosa a chi ce l'ha già.

Regalare una torta a Giulio che è pasticcere sarebbe come portare vasi a Samo.

VELA

Andare a gonfie vele, a vele spiegate = procedere ottimamente, in condizioni favorevoli.

— Come vanno gli affari? —
— Vanno a gonfie vele. —

Ammainare le vele = cessare la lotta.

Ammainerò le vele soltanto se lui farà il primo passo e mi chiederà scusa.

VELENO

Sputare veleno = manifestare odio o livore.

Che donna invidiosa e perfida! Sputa veleno su tutti.

VENA

Essere in vena = sentirsi pieni di energia, vitalità.

Che simpatica Giulia! Ha scherzato e riso con noi tutta la sera. Si vedeva che era in vena.

Non avere sangue nelle vene = mancare di energia o coraggio.

— Che cosa ne pensi di Carlo? —
— Non ha sangue nelle vene e stare con lui mi fa annoiare moltissimo. —

Sentirsi bollire il sangue nelle vene = essere in preda a viva eccitazione.

Mi sento bollire il sangue nelle vene se penso che fra pochi giorni rivedrò i miei amici che vengono dall'America.

VENERDÌ

Mancare qualche venerdì = apparire strani, essere, sembrare stupidi.

Quel giovane parla sempre da solo e nemmeno ascolta chi gli rivolge la parola. Secondo me gli manca qualche venerdì.

VENTO

Parlare al vento = parlare vanamente, senza essere ascoltati.

Di', mi ascolti o no? Mi sembra di parlare al vento quando parlo con te.

Navigare secondo il vento, regolarsi secondo il vento che tira = manifestare opportunismo, cambiare direzione.

È un ambiente gretto e meschino dove conviene pertanto regolarsi secondo il vento che tira.

Tirare cattivo vento = esserci un'atmosfera tesa.

Non andiamo dai Rossi: hanno litigato con il figlio e adesso da loro tira cattivo vento.

Gridare ai quattro venti = propagare una notizia segreta.

Ormai lo sanno tutti che lei aspetta un bambino. Sua madre l'ha gridato ai quattro venti.

Andare, navigare con il vento in poppa = procedere favorevolmente.

— Come va nel tuo lavoro? —
— Benissimo, navigo con il vento in poppa. —

VERDE

Essere al verde = non avere soldi.

Mi dispiace, sono anch'io al verde e non posso prestarti le cinquantamila lire che mi chiedi.

VERGINITÀ

Rifarsi una verginità = tornare a godere di stima e considerazione.

Era un volgare speculatore che si è rifatto una verginità donando dei locali al Comune dove è andato a vivere.

VERSO

Andare tutto per il verso = andare nella giusta direzione, senza ostacoli.

Per ora tutto va per il verso; se dovesse cambiare la situazione allora mi adeguerò.

VESPAIO

Sollevare un vespaio = produrre pettegolezzi, risentimenti, scandali.

La denuncia del ministro della Pubblica Istruzione ha sollevato un vespaio nel Parlamento.

VIA

Andar per la via battuta = andare sul sicuro.

Chi va per la via battuta non può sbagliare. Perciò pensaci prima di lasciare questo lavoro.

Zero via zero fa zero = con nulla non si fa nulla.

Se non hai un po' di capitale non si può iniziare l'attività, perché zero via zero fa zero.

VIALE

Essere sul viale del tramonto = essere alla fine di una carriera, invecchiare.

Quell'attrice ormai è sul viale del tramonto e si ritirerà dall'attività cinematografica.

VICOLO

Essere in un vicolo cieco = essere senza possibilità di progredire, di scegliere.

Ed ora? Se qualcuno non ci aiuta siamo in un vicolo cieco perché non sappiamo come riparare queste condutture.

VINO

Domandare all'oste se ha buon vino = fare domande ovvie, scontate.

Chiedere al negoziante se il suo formaggio è buono è come domandare all'oste se ha buon vino.

VINTO

Darsi per vinto = dichiararsi sconfitto.

Si è dato per vinto subito dopo aver visto la potenza dell'avversario.

VIRGOLE

Fare una cosa con tutte le virgole = fare una cosa con cura, con attenzione a tutti i particolari.

Lucio è così meticoloso che fa ogni cosa con tutte le virgole. Incredibile, dato che è così giovane.

VISIBILIO

Andare, mandare in visibilio = essere felicissimo, soddisfatto, produrre felicità.

Quando la zia le ha regalato la bicicletta che desiderava tanto, Clara è andata in visibilio.

VISO

Far buon viso a cattivo gioco = adattarsi di necessità ad una situazione.

Ci ha portato tutta quella gente in casa mentre noi volevamo andare a letto presto. Purtroppo abbiamo dovuto fare buon viso a cattivo gioco e siamo stati insieme sino a mezzanotte.

VISTO

Chi s'è visto s'è visto = sparire senza farsi più rivedere.

Aveva detto che sarebbe tornato subito. E invece chi s'è visto s'è visto. E noi siamo ancora qui ad aspettarlo.

VITA

Passar a miglior vita = morire.

Non è piacevole pensare che tutti devono passare a miglior vita.

Sapere vita, morte e miracoli di qualcuno = sapere tutto su qualcuno.

Lina è così curiosa e pettegola da sapere vita, morte e miracoli dei suoi amici.

Darsi alla bella vita = vivere senza problemi, in mezzo agli ozi e divertimenti.

Sarebbe bello darsi alla bella vita se si avessero i soldi.

Fare la dolce vita = vivere con incoscienza nel divertimento.

Mio fratello fa ancora la dolce vita ma forse cambierà quando dovrà assumere la direzione della fabbrica.

Fare la vita da nababbo = vivere in grande ricchezza.

Beato quel miliardario che fa la vita da nababbo.

Prendere la vita con filosofia = accettare serenamente le contrarietà, avere pazienza.

Meglio prendere la vita con filosofia che arrabbiarsi così per queste contrarietà... Accetta il mio consiglio!

VITELLO

Adorare il vitello d'oro = perseguire la ricchezza.

Il commendator Betti ha sempre adorato il vitello d'oro. Adesso ha raggiunto ciò che voleva. È ricchissimo.

VITTORIA

Cantare vittoria = manifestare il successo ottenuto dal conseguimento di un fine.

Cantiamo vittoria! Il direttore della scuola ci ha dato il permesso di organizzare la gita scolastica.

VIVE

Stare sul chi vive = essere in tensione.

Rilassati! Non puoi stare sempre sul chi vive. Presto tuo figlio tornerà da quella missione delicata.

VIVO

Bruciare sul vivo = colpire fortemente.

Le sue osservazioni l'hanno bruciato talmente sul vivo che per superare l'esame si è dedicato completamente allo studio.

VOLATA

Fare di volata = fare qualcosa subito, rapidamente.

Maria, manca il pane: fa' di volata perché il forno sta chiudendo.

VOLPE

Essere come la volpe e il gatto = spalleggiarsi, sorreggersi a vicenda per ingannare qualcuno.

Sta' lontano da Mario e Andrea che sono come la volpe e il gatto. Potrebbero imbrogliarti negli affari.

Essere una vecchia volpe, un volpone = essere assai astuto ed esperto.

Quel commerciante è una vecchia volpe e perciò tutto gli va bene.

Fare come la volpe con l'uva = mostrare disinteresse per ciò che non si può ottenere.

— Chi, Laura? No, non mi piace... —
— Io invece credo che tu stia facendo come la volpe con l'uva. —

VOLTA

Dare di volta il cervello = uscire di senno.

Ma ti dà di volta il cervello a spendere così tanto in pochi giorni di vacanza?

VUOTO

Fare il vuoto intorno a sé, a qualcuno = comportarsi in modo da allontanare da sé, da altri le persone.

Con quel carattere aspro e duro Luca farà un vuoto sempre più grande intorno a sé. Speriamo che migliori.

Z

ZAMPINO

Mettere lo zampino in qualche cosa = intromettersi astutamente.

Secondo me Paolo ha cambiato idea perché ci ha messo lo zampino suo padre.

ZANNA

Mostrare le zanne = assumere un'espressione minacciosa.

Che caratteraccio ha tuo marito! Ogni volta che parlo con te di pellicce lui mi mostra le zanne.

ZAPPA

Darsi la zappa sui piedi = fare del male a se stessi.

A forza di parlare male di tutti Carla si è data la zappa sui piedi perché nessuno la stima più.

ZAVORRA

Essere una zavorra = essere un peso in più, che non serve.

Quando siamo in comitiva Anna è proprio una zavorra. Dovrebbe imparare a sorridere di più.

ZECCA

Essere nuovo di zecca = essere un acquisto recente o una novità.

Bello, vero il mio salotto? È nuovo di zecca e non l'ho pagato nemmeno troppo.

ZERO

Ricominciare da zero = cominciare tutto dall'inizio, nuovamente.

Dopo il fallimento della sua azienda, il dottor Gianni ha ricominciato da zero.

ZIMBELLO

Essere lo zimbello di qualcuno = essere il bersaglio di scherzi, non essere considerato.

Da quanto è credulone è diventato lo zimbello di tutta la compagnia.

ZIZZANIA

Seminare zizzania = mettere discordia.

Era talmente geloso dell'intesa fra sua sorella e Carlo che non ha avuto pace fino a che non ha seminato zizzania fra loro. Davvero cattivo.

ZOLLA

Venire dalla zolla = essere di umili origini.

Angelo viene dalla zolla e nonostante i suoi bei vestiti, si vede.

ZONZO

Andare a zonzo = camminare senza meta.

— Dove vai Claretta? —
— Vado a zonzo, perché oggi tutti i miei amici sono a studiare ed io non so cosa fare. —

ZUCCHERINO

Dare lo zuccherino a qualcuno = compensarlo in parte per la delusione di qualcosa non ottenuta.

Non ha ottenuto quella carica a cui aspirava ma, per dargli lo zuccherino, gli hanno aumentato lo stipendio.

Finito di stampare nel maggio 1992
Tipolitografia Petruzzi C. di Castello (PG)

L'italiano per stranieri

Amato • *Mondo italiano*
testi autentici sulla realtà sociale e culturale italiana

Avitabile • *Italian for the English-speaking*

Battaglia • *Grammatica italiana per stranieri*

Battaglia • *Gramática italiana para estudiantes de habla española*

Battaglia • *Leggiamo e conversiamo*
letture italiane con esercizi per la conversazione

Battaglia e Varsi • *Parole e immagini*
corso elementare di lingua italiana per principianti

Bettoni e Vicentini • *Imparare dal vivo* **
lezioni di italiano - livello avanzato
manuale per l'allievo
chiavi per gli esercizi

Buttaroni • *Letteratura al naturale*
autori italiani contemporanei
con attività di analisi linguistica

Cherubini • *L'italiano per gli affari*

Diadori • *Senza parole*
100 gesti degli italiani

Gruppo META • *Uno*
corso comunicativo di italiano per stranieri - primo livello
libro dello studente
libro degli esercizi e sintesi di grammatica
guida per l'insegnante
3 audiocassette

Humphris, Luzi Catizone, Urbani • *Comunicare meglio*
corso di italiano - livello intermedio
manuale per l'allievo
manuale per l'insegnante
4 audiocassette